EXPLOSIÓN DE VENTAS

EL ARTE DE GENERAR CLIENTES ONLINE

Jorge **Tollinche**

WWW.PUBLICISTADIGITAL.COM

ISBN: 9798399421339

ÍNDICE

INTRODUCCIÓN

En el 2013 abandoné un trabajo en "marketing" en la industria de alimentos en el que me ganaba cerca de $60,000 al año, y me lancé a trabajar como diseñador gráfico por cuenta propia sin saber nada de mercadeo digital. A pesar de tener años de experiencia en publicidad y mercadeo, mi conocimiento era tradicional y por eso hice lo que pude, cometí miles de errores, me metí en contratos de promoción con compañías que prometían fama en internet para mi negocio, pero realmente lo que ofrecían eran estafas legales. Regalé mi trabajo en múltiples ocasiones con precios ridículos y logré estar un año sobreviviendo, generando no más de $1,000 en ingresos mensuales, que solo me daban para pagar las deudas principales y sobrevivir. Hasta que al final, tuve que regresar a la empresa privada porque los pocos clientes que tenía, no me pagaban al día y eso afectaba el repago de mis deudas.

Comencé a trabajar en una agencia de publicidad digital al mínimo salarial, ahí aprendí muchas cosas del marketing digital que no sabía y todo sobre como correr una agencia de marketing digital exitosamente. Vi con mis propios ojos todo lo que ayudaba a mis clientes a impulsar sus ventas, y vi cómo era que realmente se conseguían buenos clientes.

En mi tiempo libre me continué empapando del mundo digital, hice varios proyectos personales en el mundo digital que me enseñaron mucho sobre como perfeccionar mis anuncios y mejorar mis segmentaciones para obtener mejores resultados en mis campañas de anuncios. Vi innumerables tutoriales y canales de YouTube que hablaban de mercadeo digital, diseño web, seo, aplicaciones móviles, fotografía, video y mucho más. Durante dos años de mi vida no paré de aprender, y eso me preparó para la próxima etapa de mi vida.

Así que, a los dos años de haber vuelto a la industria privada, me sentí seguro y me lancé por cuenta propia nuevamente. Comencé mi propia agencia de publicidad digital, con mucho temor y sin ahorros, pero con fe de que todo lo que aprendí en los pasados años era suficiente para poder salir adelante.

En el primer año logré generar más de $100,000 en ganancias para la agencia y logré conseguir 5 cuentas multinacionales de empresas muy reconocidas en mi país.

Tres años después y aun teniendo mi agencia de publicidad digital generando miles de dólares mensuales. Decidí incursionar en el mundo de los Bienes Raíces y usé las mismas estrategias de publicidad que usé al comenzar mi agencia de publicidad en el 2017. En dos años y medio logré listar y cerrar sobre 60 casas y generar más de $360,000 en ganancias para mi empresa, representando a dueños de propiedades que es la parte más difícil de lograr en el negocio de los Bienes Raíces. Pregúntenle a cualquier "Real Estate Broker" cuan fácil es conseguir un listado y verán sudor bajar por su frente.

No soy millonario y honestamente nunca ha sido una de mis metas, y las metas que realmente me importaban ya las cumplí. Vivir con deudas mínimas, poder pasar más tiempo con mi familia, no tener que usar ropa de oficina, zapatos incómodos, levantarme de madrugada, ser mi propio jefe, etc. Trabajar por cuenta propia es sumamente fuerte, y honestamente creo que en los pasados 6 años he trabajado más de lo que trabajé en más de 15 años en la industria privada, pero aun así no me arrepiento, porque los beneficios de trabajar por cuenta propia siempre serán mayores a trabajar por los sueños de otros y no por los tuyos.

La primera regla que les puedo dar para trabajar por cuenta propia es poner el ego a un lado, y siempre tener múltiples canales de ingresos, a pesar de que seas un experto que estuvo 10 años estudiando, para ofrecer el servicio que ofreces. Esto es exactamente lo que yo estoy haciendo con este libro. Dándoles a ustedes las herramientas que yo uso para ser exitoso en mis negocios, pero a la vez asegurando que, si uno de mis negocios falla, o el mercado repentinamente cambia, tengo un nuevo canal de ingresos, por una vía diferente que garantizará estabilidad para mi familia. Esto es algo que llevó haciendo hace muchos años y gracias a Dios, me ha dado resultados positivos. Cuando el Covid-19 tocó nuestras puertas ya yo estaba preparado, tenía un negocio adicional a mi agencia de publicidad que me generaba ingresos pasivos y me acababa de llegar mi licencia de Corredor de Bienes Raíces, y yo ya tenía todo listo para arrancar con el negocio de Bienes Raíces. Por el Covid-19 la mayoría de los clientes de mi agencia cancelaron momentáneamente, ya que el comercio estaba cerrado, así que de inmediato comencé mi promoción de Bienes Raíces y tuve el mejor año de mi vida (económicamente hablando) con todo y que la pandemia estaba en su pico en mi país.

En este libro les estaré explicando en palabras simples lo mínimo que deben hacer para promocionar sus negocios de servicios correctamente, para así intentar conseguir más clientes y con mucha fe lograr alguna estabilidad económica que les brinde paz y tranquilidad a sus vidas.

El beneficio más grande que encontrarán dentro del contenido de este libro son las nuevas herramientas que existen en la industria para el acceso de todos, herramientas que le facilitarán el trabajo de gran manera. Herramientas de Inteligencia artificial como ChatGPT entre otras, que no existían cuando yo comencé mi agencia o cuando arranqué mi carrera como Corredor de Bienes Raíces. Estas herramientas formarán una parte muy esencial en este libro y serán herramientas que además de ahorrarles dinero les facilitará la vida y les ahorrará tiempo. Permitiéndoles así, hacer más en menos horas.

No todos los negocios son iguales y no a todos le van a funcionar estas técnicas tal como se las voy a enseñar. Pero si utilizan este libro como una base de las mejores prácticas, hacen sus debidos ajustes y estudian bien su mercado, estoy 99% seguro que este libro les servirá como una guía general para desarrollar la publicidad de su negocio actual o cualquier otro que comiencen en el futuro.

PARTE 1

MERCADO META

Para un pequeño comerciante o un cuentapropista, entender su mercado meta es crucial para el éxito de su negocio. El mercado meta es el grupo específico de clientes a los que una empresa quiere dirigirse con su publicidad, ya que entienden que es el mercado donde sus productos o servicios pueden lograr mayores ventas. Si un pequeño comerciante no entiende quiénes son sus clientes potenciales y lo que estos necesitan, no podrá llegar a ellos, ni satisfacer sus necesidades.

Si su negocio no es un negocio nuevo, es importante mirar la base de clientes actuales y considerar si quizás el mercado al que aspira no es el correcto en base a los clientes que está atendiendo regularmente (mercado real). Quizás en su mente usted iba a atender a personas jóvenes, pero la mayoría de los clientes que tiene son personas mayores. Esto es un indicador de que quizás deba redirigir y/o rediseñar su marca para apelar más al mercado que realmente consume su producto o servicio de manera natural.

Conocer su mercado meta le ayudará a definir su marca, nombre, logo, dominio, tipo de contenido, canales correctos de publicidad y la segmentación para sus anuncios. La marca debe estar diseñada para atraer al mercado meta o a el mercado real. Por ejemplo, si su mercado meta son jóvenes, el nombre de la empresa y el logotipo deben ser modernos y frescos. Si su mercado objetivo son personas mayores, la marca debería ser más tradicional.

La publicidad debe estar diseñada para llegar al mercado meta de manera efectiva. Si su mercado meta son personas mayores, la publicidad en redes como Instagram o Tiktok no sería la mejor opción. En cambio, la publicidad en Facebook, periódicos locales o programas de radio AM dirigidos a este grupo de edad pueden ser más efectivos.

Es importante mantener una presencia constante en las redes sociales y publicar contenido pago de manera regular para mantenerse en la mente de sus clientes potenciales y proporcionarles información relevante sobre su marca. Esto ayuda a construir confianza y credibilidad con su audiencia, lo que resultará en ventas y lealtad a largo plazo.

En conclusión, entender quién es su mercado meta es esencial para cualquier pequeño comerciante que quiera tener éxito. Al conocer a su audiencia, puede crear una marca atractiva, personalizar la publicidad y la segmentación en las redes sociales, y mantener una presencia constante en línea. Al final del día, el éxito en los negocios se trata de satisfacer las necesidades existentes de su audiencia.

PARTE 2

PALABRAS CLAVES = SEO (SEARCH ENGINE OPTIMIZATION)

Es muy importante que un pequeño comerciante conozca los "keywords" (palabras clave) más utilizados en su industria, ya que esto le permite ser encontrado más fácilmente en los motores de búsqueda en internet (Google, Bing, Yahoo!, Etc.). Cuando los clientes potenciales buscan productos o servicios relacionados con su negocio, utilizan palabras clave específicas para encontrar lo que necesitan. Si su página web o perfiles de redes sociales utilizan estas mismas palabras clave, será más probable que aparezca en los resultados de búsqueda y, por lo tanto, que atraiga más tráfico a sus plataformas. Esto es lo que llamamos SEO.

Conocer las palabras clave relevantes para su industria también le permite optimizar su contenido para los motores de búsqueda, lo que aumentará aún más sus posibilidades de aparecer en los primeros resultados de búsquedas. Al utilizar las palabras clave adecuadas en su página web y en las publicaciones de redes sociales puede ayudarle a aumentar su visibilidad en internet y facilitarle a llegar a más personas que están buscando negocios como el suyo.

Por ejemplo, si usted es un pequeño comerciante que vende artículos de jardinería en línea, podría utilizar palabras clave como "tiestos para plantas", "herramientas de jardinería", "abono para plantas" y "jardinería urbana" en su sitio web y en su contenido de redes sociales. Estas palabras clave ayudarán a los motores de búsqueda a entender que su sitio web está relacionado con la jardinería y hará que aparezca en los resultados de búsqueda cuando alguien busque esas palabras clave.

Es importante utilizar palabras clave relevantes y específicas para aumentar las posibilidades de que su sitio web sea encontrado por clientes potenciales. Además, es importante investigar y seleccionar las palabras clave adecuadas para su negocio y su mercado meta, ya que algunas palabras clave pueden ser muy competitivas y difíciles de clasificar.

Una buena práctica para usar palabras clave efectivamente es incluirlas en los títulos y descripciones de las páginas de su sitio web, en los textos de sus publicaciones en redes sociales y en los anuncios que promocionan su negocio. De esta manera, puede atraer a más visitantes y clientes potenciales a su sitio web y aumentar sus ventas.

¿CÓMO CONSIGO MIS PALABRAS CLAVES?

Existen diversas maneras de conseguir las mejores palabras claves para su empresa, pero siempre centrado en economía les recomiendo dos herramientas gratuitas de Google que le ayudaran a encontrar las mejores palabras para su negocio libre de costo.

Google Keyword-Planner: https://ads.google.com/home/tools/keyword-planner/

Google Trends: https://trends.google.com/trends/

PARTE 3

NOMBRE + CHATGPT

El nombre de tu negocio es importante, pero realmente no te tienes que romper la cabeza intentando crear el nombre de una marca que será globalmente reconocida. Lo que realmente necesitas es crear un nombre, simple, corto, preciso, que sea memorable, fácil de entender y directo al grano con tu servicio.

RECOMENDACIÓN: Intenta que el nombre de tu negocio y la frase secundaria que va al lado o debajo del nombre sea específico a tu servicio y a la zona en que trabajas. De esta manera cuando coloquemos esta data en Internet, ayudará a que la gente de tu zona que está buscando ese servicio te encuentre más fácilmente (SEO).

EJEMPLOS:

1. **Acrylic Bliss:** Salón de uñas acrílicas en Carolina.
2. **HomeAutoRepair:** Mecánico a Domicilio en Tampa.
3. **Smile Makers:** Odontología estética para una sonrisa perfecta en Miami.

Hoy en día para lograr el nombre perfecto no tienen que contratar a una agencia de publicidad para que le desarrolle ideas de nombres perfectos, ni pagar miles por ideas de logos para ilustrar dichos nombres. La tecnología de inteligencia artificial cada día avanza más y en este libro les estaré compartiendo herramientas que le facilitarán gran parte del trabajo, ahorrándoles tiempo y dinero.

Estos 3 nombres antes mencionados fueron creados utilizando la plataforma de ChatGPT. Una inteligencia artificial que les ayudará en el día a día con su negocio. Desde crear escritos para sus publicaciones, hasta ayudarlos a definir su mercado meta y encontrar las mejores palabras claves. Esta plataforma funciona de manera simple, solo le escribe lo que quiere y ella piensa, investiga y escribe un resultado específico para su pedido. Aun así, no debe copiar y pegar exactamente los resultados, ya que, al ser una tecnología nueva en desarrollo, podría cometer plagio. Pero sí, puede usarlo como borrador para sus ideas y luego pulirlo a su estilo.

EJEMPLOS DE COMANDOS ("PROMPTS"):

1. Crea 5 ideas de nombres para un salón de uñas con un slogan divertido.
2. Dame 20 ideas de publicaciones de Instagram para mi salón de uñas con los 10 hashtags más utilizados en esa industria.
3. Escribe un libreto de 10 segundos para un video de mi salón de uñas para TikTok.

Así es que funciona ChatGPT. Escribes lo que quieres y la plataforma genera escritos por ti, facilitando tu vida y mejorando tu negocio.

ChatGPT: https://chat.openai.com/
Verificador de Plagio Online: https://www.duplichecker.com/es

PARTE 4

DOMINIO

No voy a entrar en las complejas definiciones técnicas, porque estoy seguro de que la mayoría de ustedes no están interesados en ser desarrolladores web. Lo que usted realmente debe saber es que existen compañías que tienen cuartos inmensos con miles de computadoras llamadas "servidores", que son responsables de almacenar la información de cada página de internet que existe en el mundo. Cada página de internet es un archivo de data, al igual que cuando usted guarda un archivo de Word en "My Documents". Su página web es un archivo de data. Ese archivo de data se guarda en un "server", y ese "server" permite que su página web sea encontrada por motores de búsqueda como Google. Las compañías de "servers" le llaman a este servicio de proveer espacio para almacenar el archivo de la data de su página web como "hosting".

El "domain" (.com) por otra parte es el enlace, dirección o pin de localidad de su página web. El "domain" es el responsable de saber la localidad exacta de donde está almacenada la data de su "website". Como si fuera el responsable de saber en qué pasillo, estante, tablilla y posición esta un libro en una biblioteca. Cuando alguien escribe su "domain" (ej. publicistadigital.com) en un motor de búsqueda como Google, el "domain" le dice al motor de búsqueda en que servidor está localizada la data de su "website", lo que permite que el motor de búsqueda encuentre su "website" rápido y se lo muestre a la persona que lo está buscando.

¿POR QUÉ SU "DOMAIN" ES TAN IMPORTANTE?

Además de poder crear emails personalizados que se ven mucho más profesionales que un juandelpueblo739@yahoo.com, el "domain" (.com) será la dirección a su página web.

Es la cara digital de su negocio o empresa y le ayudará a la misma vez a proteger el nombre de su empresa al usted tener el "ownership" exclusivo de ese dominio.

Yo en lo personal, cuando voy a montar un negocio nuevo, hago una lista de nombres para el negocio y luego voy a Godaddy.com (anuncio no pagado) y verifico la disponibilidad de los nombres que me gustaron. Siempre busco nombres que sean simples, cortos y directos al tema del negocio que voy a lanzar, para que a simple vista la gente tenga una idea clara de lo que se trata el negocio. A veces los mas que me gustan salen carísimos y sigo buscando hasta encontrar un nombre que me guste al precio mínimo. La economía siempre es primero.

Luego de encontrar un (.com) que me guste entro a todas las redes sociales a ver si el nombre está disponible o si alguna otra persona lo está utilizando ya públicamente, aunque no sean dueños del dominio. El objetivo es poder crear un @handle en las redes sociales que sea único y que nadie lo esté utilizando. Si alguien ya lo está utilizando te recomiendo seguir intentando hasta que encuentres un nombre y un (.com) que nadie este utilizando en las redes sociales.

Importante: Jamás compren un "domain" que no termine en (.com). Eso provocará que tengan que hacer una campaña de publicidad solo para recordarle a su audiencia que su dominio no termina en .com. He visto empresas millonarias cometer este error y luego gastar millones solo para recordarle a su audiencia que su website termina en otra extensión que no es la de (.com) y después de fracasar con la campaña, gastar millones adicionales consiguiendo él (.com) que realmente necesitaban desde un principio. Antes de comprar un dominio que no sea (.com), mejor cambie el nombre de la empresa.

SI NO ME CREÉ HAGA ESTE EJERCICIO:

Escriba de memoria el nombre de 5 páginas web que terminen en algo que NO sea (.com).

____

____

____

____

____

Les aseguro que la mayoría de ustedes no se acuerdan de más de 3 "websites" que NO terminan en (.com).

En mi caso hice una lista de 20 nombres relacionados a los temas de mi libro y publicistadigital.com fue el que más me atrajo. Era simple, preciso y nadie reconocido lo estaba usando en Facebook, que era la plataforma de publicidad que más iba a utilizar por el tipo de negocio y el mercado. Además, era un nombre suficientemente específico para escribir un libro y a la vez suficientemente amplio como para hacer un curso online o hasta para ofrecer mi servicio de consultoría de publicidad digital desde una sola plataforma, bajo un mismo nombre.

Todo negocio puede tener más de un canal de ingresos, por eso es importante que el nombre de tu negocio sea específico al mercado al que te quieres dedicar, pero a la vez no te limite a una sola cosa, y te permita generar diversos canales de ingresos bajo un mismo nombre, siempre y cuando ese nuevo producto o servicio esté relacionado al mismo mercado meta.

POR EJEMPLO: Acrylic Bliss podría además de ser un salón de uñas acrílicas, ofrecer su propia línea de esmaltes, o convertirse en distribuidor de algún producto particular para otros salones, o podría ofrecer seminarios de cómo hacer uñas acrílicas, etc. El nombre es especifico al mercado, pero amplio suficiente como para permitir diversos canales de ingresos bajo un mismo nombre.

PARTE 5

LOGO

Cuando se trata de diseñar el logo de tu empresa, tienes 4 caminos que puedes elegir y no necesariamente están mal, todo va a estar basado en el tipo de servicio que ofreces. Pero aun así tener un buen logo, al igual que un email personalizado, siempre le dará mayor valor a tu servicio y negocio. Cuando luces más organizado y profesional, los clientes tienden a verle mayor valor a tu trabajo, cosa que te ayudará a no regalar tu trabajo y poder pedir un precio justo por tus servicios y/o productos.

LOS 4 CAMINOS DE CREACIÓN:

1. Lo haces tú mismo: El presupuesto está apretado y realmente no tienes para pagarle nada a nadie ahora mismo. En este caso te recomiendo que uses una herramienta como la página de canva.com donde podrás conseguir plantillas de logos y usar todas las herramientas de esta plataforma a tu favor. Siempre que diseñes un logo intenta que sea super claro a distancia. Si lo pones grande en una hoja de papel y una persona se para a 20 pies de distancia y no lo puede leer o entender, ese logo es un fracaso. Debe ser simple, claro legible y reconocible a distancia.

2. Utilizas a un robot: Como todos los grandes avances en las tecnologías de inteligencia artificial, ahora hay páginas que se dedican a crear logos por ti. Si tienes un presupuesto módico y no tienes tiempo que esperar, esta alternativa puede ser para ti. Visita un website como logoai.com donde solo tienes que escribir el nombre de tu negocio, hacer unas elecciones generales de los estilos que te gustan, y la inteligencia artificial diseñará decenas de diseños del cual puedes pagar unos $100 por el que más te guste y ellos te envían todos los archivos que necesitarás con tu logo en alta resolución.

3. Contrata a un "freelancer": Cada "freelancer" es diferente. Todos van a cobrar diferente, van a diseñar diferente y van a trabajar diferente. Asegúrate de encontrar a uno que diseñe al estilo que te gusta. Respeta su arte y has las debidas preguntas antes de solicitar trabajo de un "freelancer". Puedes encontrarlos utilizando #hashtags relacionados al diseño gráfico en Instagram. También puedes utilizar plataformas como fiverr.com para dar con otros "freelancers" que ya muestran su trabajo, precios y detalles de cómo trabajan dentro de la misma plataforma. Algunos pueden ser más económicos que la inteligencia artificial, pero no va a ser un servicio instantáneo.

4. Contrata a una agencia de branding: Este es el servicio más premium que puedes conseguir para crear un logo para tu empresa. Es la mejor manera, pero es la más costosa. Si tu empresa ya genera buenas ventas, esta debería ser la ruta para ti. No seas tacaño. Una buena agencia te ayudará con mucho más que un simple logo.

PARTE 6

EMAIL PROFESIONAL

Como parte de tu imagen corporativa, crear un email personalizado debe ser una de tus principales tareas antes de comenzar a comunicarte con suplidores o prospectos clientes. Además de que este correo también te servirá como correo de contacto público en las redes sociales.

Yo en lo personal siempre creo dos emails para cada una de mis empresas. Uno que termine en minegocio@gmail.com y otro que termine con mi "domain" profesional. juan@minegocio.com.

El primer email, que es el email gratuito de Gmail, lo utilizo para abrir los nuevos perfiles en todas las redes sociales para este nuevo negocio. Dado a que es un email gratuito y seguro de Gmail, sabes que siempre va a estar ahí y va a proteger la información más importante de tu negocio. Desde este email es que vas a comprar tu "domain" y abrir tu cuenta en Google Gsuite para crear tu email corporativo. Siempre mira este email como tu email principal para correr tu negocio y es el email que nunca vas a compartir con nadie. Solo con tus "vendors" digitales y las redes sociales de tu negocio.

El email personalizado con tu "domain" es tu email para colocar visible en las redes sociales, este email lo utilizarás para manejar públicamente el día a día de tu negocio.

Lo utilizarás para hablar con clientes, suplidores y para manejar cualquier solicitud de información que te hagan por correo electrónico. Este email es el que todo el mundo conocerá, pero no tendrá el control real de tu negocio.

Yo lo trabajo de esta manera ya que al ser un email pago, si por casualidad algo falla, se me olvidó renovar el dominio, o se me olvidó pagar Gsuite o sea la razón que sea, no perderé acceso a mis redes sociales y a las páginas donde yo pago las plataformas y herramientas de mi negocio.

¿CÓMO HAGO UN EMAIL PERSONALIZADO EN GSUITE?

Para crear un email personalizado en Gsuite, debes primero crear una cuenta con tu email gratis de Gmail minegocio@gmail.com y luego conectar el dominio que compraste en Godaddy.com (recomendado) a Gsuite. Una vez tu dominio esté conectado, podrás agregar nuevos usuarios a los que podrás hacerles emails personalizados como este: juan@minegocio.com. Cada email tiene un costo mensual de menos de $10 por lo que te recomiendo solo hagas los necesarios para tu empresa.

Pero si no eres muy tecnológico, crear un email personalizado puede resultarte algo complejo. Te recomiendo buscar tutoriales en YouTube de "Como conectar dominio de Godaddy con Gsuite" o contratar a un profesional en plataformas como www.fiverr.com que te pueden ayudar rápido y en la mayoría de los casos por un bajo costo.

PARTE 7

PÁGINA WEB

Hoy en día, no hay que ser programador, ni diseñador gráfico, para crear una página web funcional que nos ayude generar "leads" o ventas para nuestros negocios. Solo tenemos que conocer cuáles son las mejores herramientas para crearlas fácilmente y tener bien definido el contenido y el objetivo que llevará nuestra página web. No obstante, si su empresa ya está generando buenas ventas, enfóquese en seguir vendiendo y deje que un profesional haga su página web por usted. Puede conseguirlos utilizando #WebDesigner en Instagram o en fiverr.com.

Para crear una página web por su cuenta, solo debe tener su dominio comprado y visitar un "website builder" como lo que son squarespace.com o wix.com, estos portales te ofrecen miles de plantillas prediseñadas que con mucha facilidad (según ellos) puedes personalizar para tu empresa. La realidad es, que no es complejo crear una página web utilizando estas herramientas, pero si tiene su pequeña curva de aprendizaje y si tiene un poco de experiencia en diseño se le hará mucho más fácil. Pero, definitivamente es algo que, con mirar unos cuantos tutoriales en YouTube, todo el mundo puede llegar a dominarlo.

Para crear una buena página web, que realmente genere "leads" o ventas para su negocio o empresa, necesita dos cosas. Primero, debe definir cuál es su "call to action", lo que desea que sus visitantes hagan en su página web (Ej. llama ahora, solicita una consulta gratis, coordina una visita, reserva un espacio, compra ahora, etc.) no podemos confundir a los clientes con múltiples llamados de acción, seleccione uno y úselo repetidamente en el diseño de su página web. En segundo lugar, le recomiendo crear su página utilizando algún modelo de comunicación efectiva comprobado, como lo son el AIDA, el PAS, el FAB, el SPIN, el SCIPAB o el IDCA.

Estos modelos le ayudarán a dividir su página web en secciones con objetivos individuales, mientras más secciones usted logre que un consumidor vea y analice, más alta será la probabilidad de que este consumidor haga la acción deseada.

AQUÍ LES DEJO UN BREVE RESUMEN DE ESTOS MODELOS DE COMUNICACIÓN, PARA QUE PUEDAN ANALIZARLOS Y SELECCIONAR EL MEJOR MODELO PARA NEGOCIO:

1. **AIDA:** Attention-Interest-Desire-Action. Este modelo se enfoca en captar la atención del cliente, generar interés en un producto o servicio, aumentar el deseo del cliente de poseerlo y finalmente motivar la acción.

2. **PAS:** Problem-Agitate-Solve. Este modelo se enfoca en identificar el problema del cliente, aumentar la comprensión del problema y luego presentar una solución.

3. **FAB:** Feature-Advantage-Benefit. Este modelo se enfoca en identificar las características de un producto o servicio, los beneficios que ofrecen y cómo esas características satisfacen las necesidades del cliente.

4. SPIN: Situation-Problem-Implication-Need-Payoff. Este modelo se enfoca en identificar la situación actual del cliente, su problema, las implicaciones de ese problema, la necesidad de una solución y el beneficio que esa solución proporcionará.

5. SCIPAB: Solution-Competition-Impact-Problems-Achievements-Benefits. Este modelo se enfoca en presentar una solución, compararla con otras opciones, demostrar su impacto en el negocio del cliente, identificar problemas y presentar logros y beneficios.

6. IDCA: Interest-Desire-Conviction-Action. Este modelo se enfoca en generar interés en un producto o servicio, aumentar el deseo del cliente de poseerlo, crear convicción en el cliente de que es la opción correcta y finalmente motivar la acción.

No importa el modelo de comunicación que escoja, la herramienta de ChatGPT puede ayudarlo a personalizarlo para su negocio, lo importante es que cada una de las siglas del modelo esté representada en secciones individuales de su página principal, la secciones deben estar en el mismo orden, con palabras claves (SEO) y con fotos que refuercen cada uno de los puntos. Esta primera página, es la responsable de convertir esas visitas, en clientes. Así que no pierda la oportunidad para convertirlos con buenos escritos, buenas fotos, reseñas positivas o evidencia de beneficios que genere credibilidad de su negocio, producto o servicio.

POR AQUÍ LES DEJO EL EJEMPLO DEL MODELO AIDA QUE ME GENERÓ CHATGPT PARA EL WEBSITE DE "ACRYLIC BLISS":

1. Atención: "Descubre el mejor salón de uñas acrílicas en Carolina". Utilice un título llamativo y descriptivo que incluya las palabras clave relevantes para la búsqueda de los consumidores, como "salón de uñas acrílicas" y "en Carolina". Esto captará la atención del consumidor y lo animará a leer más.

2. Interés: "Especializados en uñas acrílicas de alta calidad y diseños innovadores". Describa lo que hace único a Acrylic Bliss. Enfóquese en la alta calidad de los productos y técnicas innovadoras que utilizan, así como la amplia variedad de diseños de uñas acrílicas que ofrecen. Mencione los servicios adicionales como manicuras y pedicuras para agregar valor.

3. Deseo: "Resultados duraderos y hermosos en cada visita". Destaque la satisfacción que los clientes pueden esperar de sus servicios. Utilice palabras que evocan una respuesta emocional positiva, como "duraderos" y "hermosos", para aumentar el deseo de visitar el salón.

4. Acción: "Reserva tu cita hoy mismo y experimenta el mejor servicio de uñas acrílicas en Carolina". Incluya una llamada a la acción clara y convincente que anime al consumidor a tomar acción. Ofrezca una solución rápida y sencilla para hacer una reserva en línea o por teléfono. Asegúrese de incluir información de contacto clara y accesible para que los consumidores puedan contactar al salón de manera fácil y rápida.

PARTE 8

REDES SOCIALES

Una vez tienes tu nombre, logo y tus emails listos. Debes abrir cuentas nuevas en todas las redes sociales con el nombre y el logo de tu negocio, de esta manera proteges el nombre de tu negocio para que nadie más lo pueda usar en las plataformas digitales.

Esto también te ayuda porque vas dejando información con palabras claves de tu negocio en internet que los motores de búsqueda comenzarán a reconocer y a recopilar.

Recuerda agregar a todas estas páginas el email público personalizado como información de contacto y el "domain" www.tunegocio.com de tu futura página web, así vas creando enlaces e historial de la existencia de tu website en diversas redes sociales, esto es algo que los motores de búsqueda también van a ir asociando con tu negocio y localidad. Estas asociaciones te ayudarán a ser encontrado más fácilmente.

Este es un buen momento para generar una descripción breve con palabras claves para tu negocio, que utilizarás en la descripción de tu negocio en todas las plataformas sociales. En esta descripción quieres decir lo que haces, los productos o técnicas que utilizas para hacerlo, tu especialidad y el lugar o zona geográfica en la que ofreces este servicio o producto.

PERO TRANQUILOS, ESTO ES OTRA COSA CON LA QUE CHATGPT NOS PUEDE AYUDAR.

COMANDO CHATGPT: Crea una descripción breve con las palabras claves más buscadas en Puerto Rico sobre la industria de uñas acrílicas para un salón de uñas llamado Acrylic Bliss en Carolina, Puerto Rico.

RESULTADO ORIGINAL: Acrylic Bliss es un salón de uñas en Carolina, Puerto Rico, especializado en la aplicación de uñas acrílicas de alta calidad. Ofrecemos una amplia variedad de diseños, desde clásicos hasta los más modernos, utilizando técnicas innovadoras y productos de última generación para garantizar resultados duraderos y hermosos. Nuestros servicios incluyen la aplicación de uñas acrílicas, manicuras y pedicuras, nail art, y más. ¡Ven a Acrylic Bliss y descubre por qué somos el destino preferido de las amantes de las uñas acrílicas en Carolina!

NOTA: Si el resultado de CHATGPT es muy largo, puedes ajustarlo manualmente, o decirle el comando "Ahora escríbelo en un tweet" y va a darte una versión similar pero reducida.

RESULTADO TWEET: Acrylic Bliss, tu destino de uñas acrílicas en Carolina, Puerto Rico. Diseños innovadores, productos de calidad y resultados duraderos. Visítanos para manicuras, pedicuras, nail art y más. ¡Descubre por qué somos los favoritos de las amantes de las uñas acrílicas! #uñasacrílicas #carolinapr #acrylicbliss

PARTE 9

CONTENIDO

Crear contenido relevante teniendo en mente las palabras claves que busca su audiencia es muy importante porque le ayudará a establecer una conexión con ellos y logrará atraer atención hacia su marca o negocio. Aquí algunos pasos que puede seguir para saber qué tipo de contenidos son mejor para su audiencia:

1. Conozca a su audiencia: Antes de crear contenido, es importante conocer a su audiencia. Investigue que redes sociales usan y analice los datos demográficos, averigüe sobre sus intereses, comportamientos de compra y necesidades de su audiencia para comprender mejor lo que les interesa y lo que les importa.

2. Realice una investigación de palabras clave: Investigue las palabras clave relacionadas con su industria y su audiencia para conocer los temas populares y las preguntas que se hacen. Esto le dará una idea de los temas que puede abordar en su contenido.

3. Analice a la competencia: Investigue a su competencia para ver qué tipo de contenido están creando y qué funciona mejor para ellos. Esto le dará una idea de lo que puede hacer para diferenciarse y atraer a su audiencia.

4. Analice el mejor tipo de contenido: Existen diferentes tipos de contenido que puede crear, como artículos de blog, videos, infografías, publicaciones en redes sociales, correos electrónicos, podcasts, entre otros. Es importante elegir el tipo de contenido que se ajuste a su audiencia y a su objetivo de marketing.

ALGUNOS TIPOS DE CONTENIDO SON:

1. Artículos de blog: los artículos de blog son una excelente manera educativa de atraer a la audiencia a su sitio web y establecer su autoridad en su nicho de mercado.
2. Videos: los videos son una forma muy efectiva de transmitir mucha información, empujar ventas, educar a consumidores y entretener a su audiencia.
3. Infografías: las infografías son una forma visualmente atractiva y práctica para presentar datos y estadísticas. Publicar datos educativos le da mayor credibilidad.
4. Publicaciones: las publicaciones regulares de redes sociales son una forma de mantenerse en contacto con su audiencia y enseñar los trabajos recientes realizados, para promover ofertas especiales, contenido educativo y anuncios generales de su negocio.
5. Historias: con las historias podemos profundizar en el mensaje que llevamos en las publicaciones, cosa que nos ayuda conectar mejor con nuestra audiencia.
6. Correos electrónicos: los correos electrónicos son una gran forma de mantenerse en contacto directo con su audiencia y enviar contenido exclusivo.

En resumen, crear contenido relevante para su audiencia es importante porque le ayuda a conectar con ellos, mejora su credibilidad en la industria e impulsa sus ventas. Recuerde que siempre puede utilizar uno de los modelos de comunicación y ChatGPT para crearlo.

PARTE 10

AI + CANVA

Crear contenido para las redes puede ser una de las tareas que más tediosas, estresantes y que más tiempo le consume a cualquier pequeño comerciante. Es por esto por lo que la mayoría de los perfiles de pequeños comerciantes tienen poco contenido y la gran mayoría no tiene congruencia ni objetivos definidos.

Pero ahora, a diferencia de antes, no tienes que matarte pensando e imaginando el contenido de tu negocio. Ahora solo tienes que entrar a ChatGPT y decirle "Dame 10 ideas de publicaciones de Facebook para mi negocio de uñas acrílicas, Acrylic Bliss":

Y SU RESPUESTA FUE:

1. Publica imágenes de tus diseños de uñas acrílicas más recientes y pide a tus seguidores que voten por su favorito.

2. Comparte fotos de tus herramientas y materiales de uñas acrílicas favoritos con una breve descripción de por qué son importantes para ti.

3. Publica tutoriales en video de cómo hacer diseños de uñas acrílicas para que tus seguidores puedan intentarlo en casa.

4. Ofrece promociones especiales para días festivos o eventos especiales, como bodas o graduaciones.

5. Publica fotos de clientes felices que hayan obtenido un servicio de uñas acrílicas de alta calidad en tu negocio.

6. Comparte imágenes de tus productos favoritos de cuidado de uñas y cómo se pueden utilizar para mantener las uñas acrílicas saludables y hermosas.

7. Publica historias detrás de tus diseños de uñas acrílicas favoritos, como inspiración, técnicas utilizadas y dificultades superadas.

8. Comparte imágenes de celebridades o "influencers" que luzcan diseños de uñas acrílicas similares a los que ofreces en tu negocio.

9. Publica una encuesta para que tus seguidores voten por el próximo diseño de uñas acrílicas que deberías ofrecer en tu negocio.

10. Ofrece consejos y trucos para mantener las uñas acrílicas en perfecto estado entre visitas al salón.

Ahora selecciona una de estas opciones y pídele a ChatGPT un "Copy" utilizando el modelo de comunicación que más funciona en tu mercado para esa publicación. El comando debería verse similar a esto: "Ahora utilizando el modelo AIDA y las palabras claves más populares para los salones de uñas en puerto rico, crea un copy corto para esta publicación de Facebook de mi salón de uñas acrílicas "Acrylic Bliss" en Carolina.

Nuestro número de teléfono es el 777-777-7777 y deben llamar para reservar su espacio. La publicación que utilizaremos es la siguiente: Publica imágenes de tus diseños de uñas acrílicas más recientes y pide a tus seguidores que voten por su favorito."

Y SU RESPUESTA FUE:

"¿Estás buscando inspiración para tus próximas uñas acrílicas? ¡Mira nuestros diseños más recientes y vota por tu favorito! En Acrylic Bliss, estamos comprometidos con ofrecerte diseños de uñas acrílicas de alta calidad que resalten tu estilo personal. ¿Te encanta un diseño en particular? ¡Llámanos al 777-777-7777 para reservar tu espacio y hacerte ese diseño en nuestro salón de uñas acrílicas en Carolina! No esperes más, ¡llama ahora y reserva tu lugar para obtener las uñas acrílicas de tus sueños!"

Una vez tengas tus opciones y tus "copies" organizados, puedes crear un calendario para realizar estas publicaciones. Te recomiendo al menos publicar 10 publicaciones mensuales y que cada una tenga un "boost" (anuncio pago) con una duración de 4 días cada uno. De esta manera tendrás publicidad paga corriendo todo el mes. El presupuesto recomendado para cada anuncio es de $20 pero de esto le hablaré a más detalle en la parte de Facebook Ads. También puede usar la herramienta de ChatGPT para que le ayude a generar ideas para stories, reels y tiktoks para su negocio. Esto es contenido adicional que ayudará a mejorar su conexión con su audiencia y crear credibilidad de la calidad de su servicio. Solo recuerda siempre crear contenido teniendo en mente las palabras claves más buscadas por los clientes en tu industria y utilizar las mismas dentro de los escritos y descripciones de tu contenido.

¿CÓMO HAGO PARA QUE EL CONTENIDO SE VEA PROFESIONAL?

Definitivamente la mejor opción sería contratar a un artista gráfico o a una agencia de publicidad digital para crear todo el contenido de su negocio. Pero como sé que no todo negocio tiene presupuesto para esto, le recomiendo usar canva.com.

Canva es una plataforma "online" gratis, que le permite crear diseños de manera fácil y rápida, aunque no tenga experiencia previa trabajando diseño gráfico. Ellos le ofrecen plantillas (templates) de todo tipo de diseño, solo tiene que buscar lo que quiera diseñar, escoger una de las plantillas y personalizarla con sus fotos e información. Esto le permitirá mantener una congruencia visual de su negocio en las plataformas digitales y elevará su imagen pública a una más organizada y profesional, cosa que le brindará mayor confianza a prospectos clientes y demostrará credibilidad de su servicio o negocio en la industria.

Pero si no tiene tiempo para sentarse a montar artes, puede conseguir un artista gráfico escribiendo #GraphicDesign, #ArteGrafico, #Diseñador o #GraphicDesigner en Instagram o puede buscar uno que le agrade en fiverr.com.

¿Y EN EL FUTURO QUE SERÍA MEJOR?

A nivel que su negocio y sus ventas sigan aumentando, la mejor alternativa sería contratar a una "social media mánager" que también sea diseñador gráfico, de manera "freelance" "part-time" pero con miras a "full-time". De esta forma cuando sus ventas lo justifiquen, podrá tener a alguien que diseñe todo su contenido, le corra todas sus redes y plataformas online a un mejor costo que al de contratar una agencia de publicidad.

PARTE 11

FOTOGRAFÍA

La fotografía es una parte muy importante del contenido de su negocio. Buenas fotos y buenos videos añaden valor a los servicios y productos. Es importante que las fotos muestren bien lo que queremos enseñar. Imagínese tratar de vender diseños en uñas acrílicas usando una foto borrosa... Horrible ¿No?, así mismo piensan todos los clientes potenciales. Por eso en esta sección quiero darle unos consejos generales de como tomar mejores fotos con su teléfono y a su vez mencionarle unas aplicaciones móviles que le pueden ayudar a mejorar la calidad de su contenido.

1. Asegúrese de tener una buena iluminación: La iluminación es crucial para obtener una buena foto. Intente tomar fotos en un lugar bien iluminado, preferiblemente con luz natural. El sol siempre debe estar detrás del lente.

2. Limpie su lente: Asegúrese de que la lente de su teléfono esté limpia antes de tomar una foto. A veces, simplemente limpiar la lente con un paño suave puede hacer una gran diferencia en la claridad de la imagen.

3. Use la regla de los tercios: Trate de componer sus fotos siguiendo la regla de los tercios. Divida la imagen en tres partes iguales tanto horizontal como verticalmente y coloque el objeto principal en uno de los puntos de intersección.

4. Experimente con diferentes ángulos: Pruebe diferentes ángulos para obtener una imagen más interesante. A veces, simplemente cambiar la perspectiva puede hacer una gran diferencia en la calidad de la imagen.

5. Use el modo retrato: Si está tomando fotos de personas o de objetos que quiere destacar, el modo retrato en su teléfono puede ayudarle a enfocar el objeto principal y difuminar el fondo.

6. No use el "zoom": Si necesita acercarse a un objeto, intente acercarse físicamente en lugar de usar el "zoom" de su teléfono. El "zoom" puede hacer que la imagen pierda calidad y se vea borrosa.

7. Use la función de enfoque: Si su teléfono tiene la opción de ajustar manualmente el enfoque, utilícela para asegurarse de que el objeto principal esté enfocado correctamente.

8. Use la edición: La mayoría de los teléfonos tienen herramientas de edición integradas. Utilice estas herramientas para mejorar la calidad de sus fotos.

9. No use el "flash": El flash puede hacer que la foto se vea artificial y poco atractiva. Si es posible, trate de tomar fotos en un lugar bien iluminado para evitar tener que usar el "flash".

10. Practique: La práctica hace al maestro. Tómese el tiempo para experimentar con diferentes técnicas y configuraciones de su teléfono para descubrir qué funciona mejor para usted y su producto o servicio.

No es necesario tener la mejor cámara del mundo, lo importante es que practique lo más seguido posible y utilice estos consejos. Si lo hace vera que la calidad de sus fotos mejorará progresivamente. Si hay tiempo para hablar, hay tiempo para crear.

MIS APLICACIONES FAVORITAS DE FOTOGRAFÍA Y VIDEO:

1. **Adobe Lightroom:** es una aplicación de edición de fotos que ofrece una amplia variedad de herramientas y filtros para mejorar la calidad de tus fotos. La aplicación también te permite ajustar la exposición, el contraste, la saturación y otros parámetros para obtener una imagen más impactante. Lightroom es una herramienta muy popular entre los fotógrafos y los creadores de contenido de redes sociales.

2. **Photoroom:** es una aplicación móvil que te permite crear imágenes con fondos personalizados sin tener conocimientos avanzados en diseño gráfico. La aplicación utiliza la tecnología de inteligencia artificial para eliminar el fondo de las imágenes y reemplazarlo con fondos personalizados, lo que te permite crear imágenes más atractivas y profesionales.

3. **Pixelup:** es una aplicación móvil de edición de fotos que te permite editar tus fotos con una amplia variedad de herramientas, efectos y filtros. La aplicación también cuenta con funciones avanzadas de edición, como la capacidad de eliminar objetos no deseados de las fotos, ajustar el tono de piel y la iluminación, y mucho más.

4. **Capcut:** es una aplicación móvil de edición de videos que te permite crear videos impresionantes con una amplia variedad de herramientas, efectos y filtros. La aplicación es muy fácil de usar y es ideal para aquellos que quieren crear videos cortos para redes sociales o para uso personal. La aplicación también cuenta con funciones avanzadas de edición de video, como la capacidad de agregar pistas de audio, ajustar la velocidad del video, y mucho más.

5. **Removal.ai:** es una herramienta en línea que utiliza inteligencia artificial para eliminar automáticamente el fondo de las imágenes y videos. Esto permite a los usuarios eliminar el fondo no deseado y reemplazarlo con otro fondo o dejarlo transparente. La herramienta es útil para diseñadores gráficos, fotógrafos, editores de video y cualquier persona que necesite eliminar el fondo de una imagen o video de manera rápida y eficiente.

6. **Vectorizer.ai:** es una potente herramienta basada en inteligencia artificial que permite convertir imágenes simples (.jpg o .png) en vectores escalables de alta calidad (.svg). Con la capacidad de analizar y reconocer formas, bordes y colores, Vectorizer.ai utiliza algoritmos avanzados para transformar imágenes pixeladas en representaciones vectoriales suaves y precisas.

7. **Wondershare Filmora (PC):** es un software de edición de video en (PC) todo en uno, con una interfaz intuitiva y herramientas potentes para editar y crear videos de manera fácil. Incluye biblioteca de música y efectos de sonido, corrección de color, estabilización de video y más. Perfecto para creadores de contenido.

LIBRERÍAS DE FOTOS, VIDEOS Y RECURSOS GRATIS:

Aquí les dejo las páginas que yo uso cuando necesito recursos externos para completar mi contenido.

1. **Iconos Gratis:** https://thenounproject.com/

2. **Fotos Gratis:** https://www.freepik.com/

3. **Fotos Gratis:** https://unsplash.com/

4. **Fotos Gratis:** https://gratisography.com/

5. **Fotos Gratis:** https://stocksnap.io/

6. **Videos Gratis:** https://www.pexels.com/

7. **Videos Gratis:** https://pixabay.com/

8. **Música Gratis:** https://www.youtube.com/@VlogNoCopyrightMusic

9. **Youtube to Mp3:** https://www.converto.io/

PARTE 12

GOOGLE MY BUSINESS: PUBLICIDAD 100% GRATIS

Google My Business es la mejor herramienta gratis que Google le ofrece a todo dueño de negocio o empresa. No importa si tiene un local físico o no. Con Google My Business su negocio aparece gratis en los primeros resultados de Google cuando alguien busca algún tipo de negocio similar al suyo. En otras palabras, si alguien escribe "salón de uñas acrílicas en Carolina" Google le enseña automáticamente los resultados en lista y en el mapa de Carolina, de todos los salones de uñas acrílicas y salones de belleza que se han registrado en Google My Business en ese momento. Esto genera muchísimo tráfico, llamadas para los negocios ya registrados en Google My Business y es 100% gratis.

Además de esto Google My Business le permite a usted enseñarle al público más detalles de su negocio, como el nombre, la ubicación, el teléfono, los horarios de trabajo, fotos de trabajos realizados, la dirección de su página web además de poder dar descripciones de sus productos o servicios.

PARA ASEGURARSE DE QUE SU NEGOCIO APAREZCA PRIMERO EN LAS OPCIONES QUE GOOGLE BRINDA, HAY VARIAS COSAS QUE PUEDE HACER:

1. Proporcionar información completa y precisa sobre su negocio en su perfil de Google "My Business".
2. Conseguir reseñas positivas de clientes satisfechos. Las reseñas son un factor importante para el posicionamiento de su negocio en Google.
3. Asegurarse de que la información de su empresa sea consistente en todas sus plataformas sociales y en su website. Los detalles deben ser los mismos en todo lugar. Los mismos números de teléfono, emails, horarios, etc.
4. Agregar imágenes de alta calidad de su negocio para que los clientes puedan ver lo que ofrece.
5. Publicar fotos nuevas en el "My Business" al menos 1 vez al mes, para que se vea progreso, consistencia y demuestre "actividad" en su negocio. Cuando la gente ve que un negocio es exitoso, es más probable que quieran también visitarlo. El éxito brinda seguridad y credibilidad hacia su negocio.

Para crear un Google "My Business" solo tiene que entrar a su cuenta gratis (antes mencionada) de Gmail. Ir a la parte superior derecha y entrar a Google Apps (el icono que tiene 9 bolitas). En Google Apps encontrará la aplicación de "Business Profile Manager". Eso le llevará a una pantalla de Google que tiene unos iconos, entre a cada uno de ellos y llene la información solicitada. Al terminar ya tendrá su negocio registrado en Google. Es fácil, rápido y gratis.

En resumen, Google "My Business" es una herramienta super poderosa para cualquier negocio que quiera aumentar su visibilidad en internet dentro de una zona geográfica y así poder llegar a más clientes potenciales.

PARTE 13

SEGMENTACIÓN

Segmentar no es nada más que filtrar las personas que verán sus anuncios pagos. El objetivo principal de segmentar es lograr dar directamente con nuestro mercado meta y clientes potenciales, para así poderles llevar el mensaje correcto, a las personas correctas, en el momento correcto, en el lugar correcto y en el medio correcto, para así mejorar la probabilidad de que estos realicen una compra o contraten nuestros servicios, y a la vez sea más costo efectivo para nuestro bolsillo.

¿De qué sirve alcanzar 1 millón de personas en México, si tu negocio es en Puerto Rico y no haces ventas online? La realidad es que no sirve de nada. Lo mismo pasa con los medios tradicionales. Una pauta en televisión, prensa, "billboard" o radio jamás tendrá la capacidad de segmentación que tienen las redes sociales. Estos medios tradicionales se basan en exposición, con la teoría de que "mientras más gente te vea, más ventas tendrás". Pero la realidad es, que, si no tienes miles para hacer una buena campaña los resultados serán mínimos o nulos.

En las redes sociales es diferente, se hace mucho con poco, en especial cuando segmentas tus anuncios directamente a las personas que quieren adquirir tus servicios y/o productos.

¿QUÉ ES MEJOR PARA EL NEGOCIO DE ACRYLIC BLISS?

Escoge la mejor opción:

a. ¿Alcanzar a 200,000 personas en todo puerto rico, de todas las edades, de todos los sexos, con diversos intereses, en una pauta de periódico que sale una sola vez, por un costo de $1,200?

b. ¿Alcanzar a 5,000 personas interesadas en uñas acrílicas en un radio de 10 millas alrededor de su salón de uñas en Carolina, en una pauta en Facebook que sale constantemente por 30 días, por un costo de $150?

La Opción B es segmentar y es la parte más importante para ahorrar dinero y lograr resultados que generen ventas directas para tu negocio, producto o servicio. En este caso aquí presentado la respuesta correcta debería ser bastante obvia, pero se las explico. Los mejores clientes siempre van a ser los que ya están interesados o ya están activamente buscando tus productos y/o servicios y tienen la facilidad de realizar la compra de manera fácil y rápida, en este caso por la cercanía. ¿De que vale intentar venderle un bolígrafo a alguien que ya tiene 5? Por mi experiencia es más fácil venderle al que no tiene bolígrafo y está activamente buscando comprar uno. Nuestro trabajo como anunciantes es alcanzar a las personas que nos están buscando y a la vez dejar huellas y enlaces en el mundo digital que les ayude a ellos a encontrarnos a nosotros cuando nos están buscando. Por eso este libro tiene todas estas partes. Porque todas son esenciales para posicionarte para que los clientes que están buscando, te encuentren a ti.

PARTE 14

FACEBOOK ADS

Los Facebook Ads básicamente lo que permiten es alcanzar a personas que no son tus seguidores en tu página de negocio en Facebook. En otras palabras, puedes tener una página de negocio con 10 seguidores, pero con Facebook Ads hacer que tus anuncios alcancen a 100,000 personas por un costo muy bajo, en comparación con la publicidad en otros medios, tradicionales y digitales. Lo mejor de todo es que puedes segmentar para alcanzar directamente a tu mercado meta.

Ahora, les digo esto y quiero que lo tomen como lo que es, "tough love". Si están publicando anuncios en su página de negocio, pero no están haciendo Facebook Ads, no están haciendo absolutamente nada. Solo alimentando la ilusión de que están haciendo algo, pero realmente no están haciendo nada. Para eso mejor no hagan nada y pónganse a repartir "flyers" en un semáforo y obtendrán el mismo resultado orgánico que lograrán al publicar sin pagarle a Facebook por promover sus publicaciones. Se lo dice alguien que en el 2013 repartió 20,000 hojas sueltas para promover su servicio en semáforos y no logró absolutamente nada.

Con cada año que pasa estas plataformas siguen generando más y más usuarios y a la vez se siguen creando más y más páginas de negocios, grupos y contenido de diversas personas, en diversos formatos. Cada día es más difícil para estas plataformas ayudar a las personas a crecer de manera orgánica (gratis) ya que no les sobra el espacio para enseñarlo a todas las personas, por ende, las plataformas le dan prioridad a publicaciones que parezcan capturar mayor interés y tengan mayor relevancia para cada persona individualmente.

En palabras simples, el contenido de negocios y servicios tiene que ser realmente impactante para que Facebook lo ayude a alcanzar a más personas de manera gratuita, y como sabemos que la mayoría de los servicios son para satisfacer necesidades y no caprichos, es sumamente raro lograr viralizar o lograr un gran alcance de manera orgánica para un negocio o servicio, por tal razón es que hay que invertir dinero para lograr ese alcance y mejor aún, lograrlo directamente con las personas que realmente pueden y quieren comprar nuestros productos o contratar nuestros servicios.

¿Cuándo fue la última vez que vio una publicación viral de un servicio como el de un contable o un psicólogo? Si lo vio... Le aseguro que se fue viral por ser algo impactante, innovador, morboso, gracioso, tendencia o sexual. Estas son las razones comunes por las que el contenido se viraliza en las plataformas sociales. Claro, pero como no todos estamos abiertos a intentar de hacer mil videos virales y posiblemente afectar la imagen de nuestro negocio, la solución es simple. Facebook Ads.

No estoy en contra de la creatividad para promover un negocio o servicio. Creo que ser creativo y darle un tono humano y personalizado es gran clave para tener éxito en las plataformas digitales.

Si usted piensa que puede hacer este tipo de contenido viral, como estrategia adicional en su contenido regular del mes, sin dañar la imagen de su negocio, puede experimentar y si los resultados no son favorables, puede eliminarlo. Lo importante es que no se olvide que el objetivo de todo mensaje debe ser vender y atraer a nuevos clientes para su negocio. Cuando hay mucha competencia, siempre es bueno intentar diferenciarnos y esto se logra con creatividad, un tono personalizado y algo que haga que las personas se puedan "relacionar" con el contenido. Asegúrese que estos "intentos virales" tengan como objetivo aumentar sus ventas. No haga contenido por intentar ser "cool". Ser "cool" no paga las deudas y no aumenta las ventas.

¿QUÉ TIPO DE ANUNCIOS GENERAN MÁS VENTAS?

Como mencionado previamente en este libro, podemos usar ChatGPT para ayudarnos a redactar el contenido de nuestros anuncios utilizando un modelo de comunicación efectiva y de esta manera lograr crear anuncios atractivos que realmente motiven a las personas a realizar una compra. Lo que si debemos tener en cuenta es la estrategia de venta que queremos utilizar antes de comenzar a diseñar el comando para que ChatGPT redacte el escrito de nuestro anuncio para Facebook Ads y la segmentación que utilizaremos en nuestro anuncio, para poder personalizar el tono de nuestro anuncio para dicho mercado. Si aún no tiene claro la segmentación de su anuncio, puede usar ChatGPT para hacer una investigación breve sobre que segmentación debería utilizar para su negocio.

EL COMANDO PODRÍA SER ASÍ: "Como un experto en medios digitales y Facebook ads. Define la segmentación perfecta para mi negocio de uñas acrílicas localizado en Carolina, Puerto Rico".

RESULTADO:

1. Ubicación geográfica: Carolina, Puerto Rico: La ubicación es fundamental para asegurarte de que tus anuncios se muestren a personas que se encuentren en tu área local y que sean más propensas a visitar tu negocio.

2. Intereses relacionados con la belleza y el cuidado personal: Puedes segmentar a personas que estén interesadas en la belleza, el cuidado personal y la moda. Esto incluiría a aquellas personas que sigan páginas de Facebook o perfiles relacionados con uñas, salones de belleza, moda y tendencias de belleza.

3. Demografía: Puedes ajustar tu segmentación en función de la edad y el género de tus clientes ideales. Por ejemplo, si tu negocio se enfoca más en un público femenino joven, puedes segmentar a mujeres entre las edades de 18 y 35 años.

4. Comportamientos de compra: Puedes dirigirte a personas que hayan mostrado interés en productos o servicios relacionados con uñas acrílicas, como haber comprado productos de cuidado de uñas en línea o haber visitado páginas web de salones de belleza.

ESTRATEGIAS DE ANUNCIOS QUE GENERAN VENTAS:

1. Hard Sell: Es una estrategia agresiva que busca convencer a los clientes de comprar un producto o servicio al instante. Se realiza principalmente a través de videos y se caracteriza por ser sensacionalista, impactando con datos y beneficios del producto o servicio para crear un deseo de compra inmediato y motivar a los clientes a tomar acción al instante.

2. Urgencia: Esta estrategia busca crear una sensación de urgencia o escasez para incentivar a los clientes a tomar acción de inmediato. Puedes lograr esto con ofertas por tiempo limitado, ediciones especiales o espacios limitados.

3. Ofertas: Las ofertas son una de las estrategias más poderosas, pero una de las que más los dueños de negocio se resisten a trabajar. Las ofertas son estrategias a largo plazo, sirven para darte a conocer con nuevos clientes y permiten que las personas prueben la calidad de tu servicio o producto con un menor riesgo. También te ayudan a alcanzar a mercados de personas que siempre están pendientes a buscar ahorros. Cuando desarrolles una oferta siempre ten en cuenta que debe ser lo suficientemente impactante para llamar la atención, pero sin ser de alto riesgo para tu negocio. Las ofertas deben variar constantemente porque si no puedes afectar la imagen del valor real de tu producto o servicio. También recuerda añadir las restricciones y la fecha de expiración.

4. Demostración: Cuando hablamos de "demostración" el objetivo principal es enseñarles a las personas de manera precisa el beneficio directo de nuestros productos y/o servicios. Esta estrategia muchas veces es acompañada de fotos de "Antes y Después" o de videos estilo reseña que demuestran en acción los beneficios del servicio o producto que deseamos promover. El objetivo de esta demostración es aumentar la confianza de nuestra audiencia y lograr la venta.

5. Educación: El contenido educativo sirve para presentar los beneficios (ventajas competitivas) de nuestros productos y/o servicios de una manera practica y atractiva. Lo mejor del contenido educativo es que nos posiciona en la mente de los consumidores como expertos y lideres dentro de nuestra industria. Esto se logra presentando el problema común, la causa del problema, el efecto que tiene el problema y la solución que su servicio o producto le puede brindar.

6. Storytelling: Contar una historia que resuene con los valores y necesidades de su público objetivo puede generar una conexión emocional que los lleve a tomar acción. Contarles la historia de lo que le motivó a montar su negocio en un principio, las luchas y sacrificios que hizo para lograrlo, contarles sobre la satisfacción que le da al brindar un buen servicio, son algunos ejemplos de historias que se pueden contar y pueden lograr impulsar sus ventas al lograr que las personas tengan una conexión emocional con usted y su negocio. La empatía es una gran herramienta al momento de promover un negocio.

7. Social Proof: Esta estrategia consiste en mostrar casos de éxito, anécdotas y/o historias de clientes satisfechos. Se puede realizar mediante videos testimoniales de clientes diciendo lo contentos que están con su servicio o producto, o presentando reseñas escritas que los clientes le han dejado en Facebook o Google para construir confianza y credibilidad de su servicio o producto en el mercado.

PRESUPUESTO / FRECUENCIA

Los "expertos" en redes sociales le dirán que tiene que publicar 5 veces al día, conocer los horarios pico de su audiencia, hacer campañas de "a/b testing", invertir un 20% de sus ingresos netos en publicidad y hacer diversas campañas de "dark" ads en Facebook con audiencias "lookalike" entre muchas cosas más. Que, aunque no son erróneas, son un poquito extra. Si hacer Facebook Ads fuera una ciencia, solo las empresas los trabajarían y Facebook no perdería el tiempo dándonos a todos las herramientas de versión simple para poder crear Facebook Ads nosotros mismos.

En este libro les quiero enseñar el mínimo necesario que deben hacer para promover sus negocios y así poder aumentar sus ventas. No obstante, las campañas digitales toman cierto tiempo y pruebas para ser perfeccionadas y lograr los resultados que estamos buscando. A veces funcionan a la primera, a veces hay que diseñar nuevas campañas y probar muchas estrategias para lograr que funcione. Pero una vez comienza a funcionar ya tienes la receta que debes seguir para que continue funcionando.

Considerando todo esto, les recomiendo intentar un presupuesto mínimo de $160 dólares mensuales para sus Facebook Ads hasta que encuentren la receta perfecta de sus anuncios.

Una vez logren el anuncio perfecto, el que siempre le trae resultados, el que siempre le da una cantidad de ventas promedio casi garantizadas, entonces es que pueden aumentar el presupuesto base. Si usted ya sabe que por cada $160 que invierte, genera $500, pues vale la pena aumentar a $320 para generar $1,000. No mal gaste dinero en hacer su marca "sonar" (branding), mejor haga los anuncios correctos e invierta en anuncios que le generen ventas directas.

Estos $160 los pueden dividir entre múltiples publicaciones. Lo que si le recomiendo es que tenga un mínimo de 4 días por cada anuncio y un mínimo de $5 por día. Ósea que cada publicación que usted le quiera poner un "boost" (anuncio pago) debe hacerlo con $20 para 4 días. Si usamos esto como base, puede hacer 2 publicaciones con $20 de "boost" para 4 días cada una y de esta manera tener publicidad paga corriendo los 7 días de la semana.

Luego puede repetir lo mismo las 4 semanas del mes. El objetivo es tener anuncios pagos corriendo todo el mes. He visto personas que ponen 1 anuncio a correr por 30 días con $160 de presupuesto y he visto personas poner 1 anuncio por 7 días con $40 de presupuesto.

Usted puede hacerlo como guste, lo importante es que su anuncio funcione y genere ventas. Si no está generando ventas aun, es mejor publicar más anuncios y dividir el presupuesto, así puede probar diversas estrategias y tipos de contenido hasta que descubra que es lo que realmente funciona para su negocio y/o servicio.

FACEBOOK LIVE + GRUPOS

Los Facebook Live son una gran herramienta para los que saben maximizar su potencial. Para sacarle mayor provecho a los Facebook Lives debes primero tener tus objetivos claros, una estrategia y un llamado a la acción prediseñado que utilizaras durante el LIVE para lograr que la gente te llamé, compre al momento, coordine una visita y entre a tu página web para ver más información. Si analizas todas las estrategias de anuncios que generan ventas que te mencionamos anteriormente, todas pueden ser utilizadas durante un Facebook Live y le ayudarán grandemente a que los Facebook Live se conviertan para usted en una nueva herramienta y canal de ventas.

PRO-TIP: Antes de hacer su primer Facebook Live, asegúrense de que alguien de su equipo de trabajo se una a todos los grupos de Facebook relacionados con el tema de su negocio o servicio. Esto le permitirá a esa persona darle "share" al Facebook Live una vez comience, lo que les permitirá alcanzar a personas que no son sus seguidores de manera gratuita.

PASOS PARA HACER UN BUEN FACEBOOK LIVE: (Ej. "Acrylic Bliss")

1. Objetivo: Conseguir nuevas personas para nuestro taller de uñas acrílicas.

- Como el objetivo es un taller, es importante preparar un escrito para la descripción del Facebook Live que diga el nombre del taller, los temas que se trabajaran, el día, la hora, el lugar, el costo de este, la cantidad de espacios disponibles y la forma de separar y pagar el espacio. Idealmente deberían cobrar online para asegurar los ingresos antes del día del taller.

2. Estrategia: El live se trabajará con estrategia educativa, con una demostración y se reforzará el sentido de urgencia recordando los espacios limitados para el taller.

- Se hablará de algún problema común que tienen las personas novatas cuando están haciendo uñas, se explicará la razón por la que ocurre ese problema, el efecto que tiene ese problema a largo plazo y luego se hablara sobre las técnicas y trucos avanzados que se enseñan en el taller para evitar ese tipo de problema.

- Se enseñarán fotos de uñas de estudiantes antes de asistir al taller y luego fotos de uñas de las mismas estudiantes luego de haber asistido al taller. Lo que queremos reforzar es que las personas que asisten al taller salen con mucho mas conocimiento y sabiendo aplicar mejores técnicas, produciendo así un trabajo de calidad superior.

3.Call To Action: El llamado a la acción debe ser fuerte, repetitivo y debe llevar un sentido de urgencia por la limitación de espacios disponibles para el taller.

- Se tiene que reforzar el costo del taller, el día, la hora, el lugar, se tiene que hacer hincapié nuevamente en que los espacios son limitados y si quiere asistir tiene que llamar ahora mismo para que no se quede fuera.

- Se toman 5 minutos de cierre para contestar preguntas y respuestas. Nunca permita que la audiencia decida cuando es el momento llevar a cabo las preguntas y respuestas. No todo el mundo quiere escuchar las preguntas y las respuestas, por eso debe dejarlas al final, después de usted haya cumplido con sus objetivos, estrategias y llamados de acción.

MARKETPLACE + GRUPOS

El Facebook Marketplace es una sección de Facebook que le permite a los usuarios promover artículos a la venta dentro de la misma plataforma. Es similar a un mercado virtual donde los usuarios pueden publicar anuncios de clasificados gratis para vender productos nuevos o usados, como muebles, ropa, electrodomésticos y más. Aquí les dejo algunos consejos sobre cómo sacarle el mayor provecho al Marketplace y cómo combinarlo con los grupos de Facebook para lograr un mayor alcance:

1. Fotos claras y anuncios detallados: Asegúrate de incluir fotos de buena calidad del producto que estás vendiendo y proporcionar una descripción precisa y detallada del artículo. Cuanta más información proporciones, más probabilidades tendrás de atraer a compradores serios.

2. Pendiente a los mensajes: Responde rápidamente a los mensajes de los interesados en tus productos. Mantén una comunicación clara y cordial para establecer una relación de confianza con los posibles compradores. Recuerda que una vez te escriban es un buen momento para enviarlos a una página de ventas dónde puedan ver más de tus productos y/o servicios y donde puedan realizar una acción.

3. Utiliza categorías relevantes: Asegúrate de seleccionar la categoría correcta de los productos antes de publicar tus anuncios en el Marketplace. Esto ayudará a los compradores a encontrar tu producto más fácilmente cuando realicen búsquedas en la plataforma.

4. Aprovecha los grupos de Facebook: Al igual que en los Facebook lives puedes combinar el uso del Facebook Marketplace con los grupos de Facebook para aumentar la visibilidad de tus anuncios. Busca grupos locales que sean relevantes para el tipo de productos que vendes y comparte tus anuncios del Marketplace allí.

5. Anuncios al día: Mantén tus anuncios actualizados y retira aquellos que ya no estén disponibles. Esto ayudará a mantener tu perfil de vendedor en buena reputación y evitará confusiones con los compradores potenciales.

Nunca subestimen el poder del Facebook Marketplace combinado con los grupos de Facebook. En lo personal es una de las herramientas que más utilizo y una de las que mejores resultados me brinda en el día a día y de manera gratuita. Si usted vende productos, autos, casas, botes, o cualquier otro producto físico. No espere más tiempo y comience a utilizar el Facebook Marketplace combinado con los grupos.

También he visto a personas promocionar sus servicios por el Marketplace. Al ser un motor de búsquedas dentro del mismo Facebook puede ser una alternativa experimental que pueden intentar. Nunca está demás intentar cuando no cuesta absolutamente nada.

PARTE 15

GOOGLE ADS

A diferencia de los Facebook Ads, los Google Ads ayudan a que las personas que nos están buscando nos encuentren. Las plataformas como Facebook se especializan en generar ventas de impulso con compradores que pueden tener interés en nuestros servicios o productos, pero no necesariamente nos estaban buscando. En cambio, cuando haces publicidad en Google, tus anuncios sólo les aparecerán a las personas que están activamente buscándote a ti o a negocios como el tuyo. Lo cual en la mayoría de los casos suele ser una estrategia mucho más poderosa al momento de invertir en publicidad para tu negocio.

¿CUÁL DE LOS FORMATOS GENERA MÁS VENTAS?

De todos los formatos de anuncios que ofrece Google, los anuncios de búsqueda "search" son los mejores para generar ventas, ya que su negocio aparecerá en los primeros 3 resultados cuando alguien haga una búsqueda de un negocio o servicio similar al suyo.

Tener anuncios de "search" es el equivalente de tener una buena página web optimizada con SEO para motores de búsqueda que aparezca en los primeros resultados reales cuando la gente haga búsquedas de negocios similares al suyo. Pero como no todos tenemos $10,000 para invertir en una página web con especialistas de SEO, ni tiempo para entender la ciencia de cómo funcionan los algoritmos de los motores de búsqueda, la respuesta es sencilla. Tomemos un atajo a la cima con Google Ads.

Esto, combinado con la estrategia "Google My Business" son una herramienta super poderosa para conseguir que clientes potenciales visiten tu página web, llamen a tu negocio o visiten tu localidad. Como pequeño comerciante siempre estoy pendiente de colocar mi inversión de publicidad.

PRESUPUESTO / FRECUENCIA

Como punto inicial, siempre se recomienda comenzar con $5.00 al día por 30 días. Con $150.00 al mes puedes comenzar a correr una buena campaña de búsqueda en la plataforma de Google Ads. > https://ads.google.com/home/

"Google Ads" antes conocida como "Google Adwords" es la plataforma donde se crean los anuncios de Google, y a pesar de ser una plataforma bastante extensa y compleja, cuando creas tu cuenta por primera vez, te lleva a una versión simple donde puedes crear anuncios efectivos de manera fácil y rápida. Claro está, no podrás optimizar tus campañas al máximo como los expertos, pero si podrás poco a poco comenzar a crear campañas exitosas para tu negocio.

Definitivamente, con una buena estrategia de Google Ads, puedes generar más ventas y aumentar la presencia de tu negocio en internet.

SUBASTAS + PAGA POR CLIC

Es importante entender cómo funcionan los Google Ads o, mejor dicho, como y cuando es que nos cobra Google por nuestros anuncios. A diferencia de Facebook que es más similar a pagar una pauta en un periódico o en medios digitales, donde pagas una cantidad y ellos te otorgan una cantidad de "impresiones / alcance", los Google Ads se basan en el modelo de subasta de costo por clic (CPC)

Las subastas son exactamente como suenan. Usted le dice a Google cuanto está dispuesto a pagar por salir primero que sus competidores y el escoge la mejor oferta o el mejor anuncio para poner primero. No necesariamente el que paga más sale primero, Google les da prioridad a los anuncios de mejor calidad y con mayor relevancia, a los anuncios que están dispuestos a pagar más. Para Google es más importante la calidad del anuncio, que la cantidad del dinero. Siempre recomendamos poner una apuesta máxima inicial de $1.00 por clic en la subasta. Esto no significa que usted va a pagar $1.00 por cada clic en sus anuncios, lo que significa es el máximo que usted estaría dispuesto a pagar por 1 clic. Una vez sus anuncios comiencen a salir y vea el costo real de cada clic promedio (CPC = Costo Per Clic), puede reducir su apuesta de $1.00 a un costo menor. Si el anuncio no está saliendo y no está generando impresiones, significa que la apuesta está demasiado baja y debe aumentarla. Esto es raro que ocurra, pero puede ocurrir en mercados de alta competencia.

Google le va a cobrar sus anuncios por cada clic que hagan en ellos. Eso es el PPC, básicamente usted le dice a Google cual es el presupuesto diario que tiene para sus anuncios y Google lo toma como si fuera su balance total dentro de una cuenta. Al Google ver que usted cuenta con balance, comienza a enseñar sus anuncios y cada vez que alguien hace clic en su anuncio, Google retira de esa cuenta el costo de cada clic, hasta agotar el balance del día. Si no hay clics, su anuncio sigue corriendo. Si se acaba el presupuesto, su anuncio deja de salir. Pero es importante saber que Google también ve su balance total para el mes completo y para beneficio de usted jugara con el presupuesto diario asignado. A veces utilizara más, a veces utilizara menos. Pero al final gastara el presupuesto total asignado para el mes.

¿CÓMO PUEDO MEJORAR LA CALIDAD DE MIS ANUNCIOS Y MI CPC?

Para mejorar la calidad de sus anuncios y reducir su Costo Por Clic (CPC) en Google Ads, hay varias estrategias que puede implementar. En primer lugar, asegúrese de que sus anuncios sean relevantes y de alta calidad para los usuarios que buscan términos relacionados con su negocio. Esto significa utilizar palabras clave relevantes en sus anuncios y en las páginas de destino a las que dirigen. También debe asegurarse de que sus anuncios sean claros, concisos, atractivos visualmente y estén segmentados para el mercado meta correcto.

Puede utilizar las herramientas antes mencionadas, Google Keyword Planner y Google Trends para buscar las palabras más relevantes que las personas utilizan en su país y ciudad para encontrar negocios o servicios como el suyo.

Otra estrategia para mejorar su calidad y CPC es utilizar extensiones de anuncios, como las extensiones de llamada, ubicación y opiniones. Estas extensiones pueden ayudar a mejorar la relevancia de sus anuncios y aumentar la tasa de clics.

PARTE 16

EMAIL MARKETING

Hacer "email marketing" puede ser una herramienta super poderosa para tu negocio si los haces de la manera correcta. Desgraciadamente los "email marketing" siempre han tenido una mala reputación ya que en muchos casos tienden a ser promociones no solicitadas y las compañías que los envían nunca obtuvieron un debido consentimiento de los recipientes. Por ende, este tipo de publicidad se convirtió en una plaga indeseada que las personas ignoraban automáticamente. Al punto donde hasta compañías como Gmail modificaron el sistema de bandejas para poder separar las "promociones" del "inbox" regular.

Pero gracias al buen uso de muchas compañías modernas en el aspecto digital, las personas estas nuevamente prestando atención a los correos de las empresas, siempre y cuando provengan de una empresa que ya ellos conocen y en la que ya ellos confían.

¿CÓMO PUEDO HACER UNA BUENA CAMPAÑA DE EMAIL MARKETING?

El primer paso es crear una base de emails de clientes actuales y de clientes potenciales. Esto lo puede lograr pidiéndole el email a todos sus clientes al momento de pagar, o corriendo una campaña de Facebook Ads que lleve a las personas a su página web y se tengan que registrar como parte del "Call to Action" de su campaña. No necesariamente tiene que ser una campaña de ventas, podría ser una campaña para invitarlos a un evento, a una clase, o hasta para darles algo gratis. El punto es que quiere que averigüen un poco de usted y se suscriban voluntariamente, esto va a ayudarle a que en el momento que ellos reciban sus emails estén más abiertos a leerlos y a ejecutar una compra en un cercano futuro.

Una vez tenga una buena base de datos, puede usarla para enviar correos electrónicos de noticias "newsletters", donde le deja saber los nuevos servicios, productos o cosas que le agregan más valor a su negocio. Es una oportunidad para que ellos sepan de usted y se pongan al día con todo lo nuevo. También puede hacer envíos para promover eventos especiales o talleres con espacios limitados u ofertas especiales exclusivas para suscriptores. Así las personas empiezan a regar la voz de los grandes beneficios que reciben por estar suscritos al "mailing list" de su empresa.

Recuerde que una buena campaña de email marketing es similar a una buena campaña de Facebook Ads. Requiere tiempo, dedicación, personalización, segmentación, un diseño atractivo, una estrategia de ventas sólida y un llamado a la acción definido, también debe tener consciente la frecuencia para no ser demasiado invasivo, pero tampoco dejar enfriar el cliente y al igual que los Facebook Ads, siempre mire los resultados de sus campañas. Esto le ayudara poco a poco a entender que funciona y que no funciona.

Plataforma de email marketing basada en cantidad de emails: mailchimp.com
Plataforma de email marketing basada en cantidad de mensajes: brevo.com

PARTE 17

RELACIONES PÚBLICAS

Las relaciones públicas desempeñan un papel muy importante en el éxito de cualquier empresa, negocio, producto o servicio, con las tres funciones fundamentales que todo dueño de negocio debe conocer. Sin menospreciar el valor y la importancia de los Relacionistas Profesionales y el complejo mundo de las relaciones públicas, es innegable que estos profesionales son los verdaderos superhéroes que trabajan incansablemente tras bastidores para crear, mejorar y proteger la reputación de las marcas.

1. Trabajan en la mejora de tu imagen: A través de la creación de contenido noticioso relevante y atractivo, entrevistas puntuales, activaciones y otras estrategias, los relacionistas profesionales logran construir, mantener o mejorar la imagen de un negocio o servicio. Este tipo de contenido aumenta la credibilidad, la confianza y el interés de los consumidores. Los relacionistas profesionales buscan captar la atención de los medios de comunicación y del público en general para beneficio de una empresa, negocio, servicio o producto.

2. Generan ahorros significativos: Las relaciones públicas permiten que un negocio alcance a un mayor número de personas a través de medios tradicionales, a una fracción del costo. Los relacionistas profesionales son expertos en generar "publicity" para sus clientes. Esto significa que, al pagarles a ellos, obtendrás exposición gratuita en los medios tradicionales gracias a su experiencia, contactos y habilidades. Esta exposición puede incluir entrevistas en televisión o radio, reportajes en diversos medios impresos y digitales, entre otros. Un buen relacionista público puede obtener miles de dólares en promoción por una fracción del costo.

3. Manejo de crisis: Si un negocio se ve envuelto en un escándalo público, las dos primeras personas a las que debe llamar son a su abogado y a su relacionista profesional. Mientras el abogado se encargará de resolver el asunto legal, el relacionista profesional le ayudará a enfrentar la crisis desde el punto de vista público. En momentos de crisis, es crucial actuar con racionalidad y buscar la ayuda de expertos para minimizar el daño y garantizar la supervivencia del negocio.

En resumen, las relaciones públicas son fundamentales para proyectar una imagen favorable de un negocio, empresa, servicio o producto, ya que generan credibilidad y confianza en la mente de los clientes potenciales. Esto, a su vez, impulsará las ventas de la empresa, le ayudará a posicionarse como líder en su categoría y le dará a conocer en lugares que, de otra manera, hubieran sido extremadamente costosos y difíciles de alcanzar.

PARTE 18

ESTRATEGIAS ADICIONALES

Definitivamente la publicidad digital tiene la capacidad de llegar directamente a los mercados que queremos alcanzar, pero también es bueno añadir estrategias adicionales que impacten a nuestro mercado meta, para así mantener nuestra marca en su mente.

GUERRILLA MARKETING

Las guerrillas son unas de mis estrategias favoritas al momento de implementar estrategias adicionales. Lo que se busca en la guerrilla es crear el mayor impacto dentro de nuestro mercado meta, con el menor presupuesto posible. Esto se puede lograr hasta con una buena campaña de tarjetas de presentación promocionales, que sean tan creativas que cuando las personas las reciban no tengan más alternativa que compartirla con otra persona por el impacto del mensaje. Con las guerrillas se busca ser creativo, ingenioso y se busca lograr el mayor impacto posible dentro de nuestro mercado, para así crear un movimiento viral orgánico que empieza en el mundo real y que luego trascienda al mundo digital, cuando las personas comiencen a hablar de la campaña.

LOCALIDAD ESTRATÉGICA

Cuando hablamos de localidad estratégica, nos referimos a hacer publicidad en el lugar indicado, en el momento indicado. Por ejemplo, una persona que se dedica al cuidado y mantenimiento de áreas verdes residenciales dentro de urbanizaciones puede aprovecharse de esta localidad para hacer publicidad estratégica, ya que toda publicidad que haga seria dirigida al mercado meta que realmente busca.

SI FUERA YO:

1. Uniforme con logo y número de teléfono.

2. Rotularía mi vehículo con el logo, los servicios y el número de teléfono.

3. Dejaría un rotulo pequeño de 12 pulgadas diciendo que mi empresa “mantiene este patio con el número de teléfono” como si fuera una estampilla de calidad que se deja el frente de la casa clavada en la grama.

Estas 3 simples estrategias, pueden hacer que todos los vecinos sepan quien es usted, guarden su teléfono y en el momento que lo necesiten lo llamen.

“INFLUENCER” MARKETING

A veces funciona, a veces no. A veces es caro, a veces no. Busque a los que están dispuestos a trabajar por intercambio o por % de ventas generadas y que ya cuentan con seguidores que son de su mercado meta deseado. Esto los obliga a tener que empujar las ventas de su negocio para poder cobrar su comisión por el esfuerzo publicitario.

PARTE 19

DIVERSIFICACIÓN

La diversificación es simplemente buscar utilizar lo que ya sabemos hacer o los servicios que ya ofrecemos, empacarlos de otra forma, para generar nuevos canales de ingresos para nuestro negocio.

Esto lo vemos al diario vivir en los restaurantes de comida rápida, si se fijan bien en el menú, podrán ver como todos los platos se basan en los mismos ingredientes, sencillamente algunos los alteran con tocineta, doble carne o salsas especiales para venderlo a un mayor precio, bajo otro nombre porque es “nuevo y diferente”.

Lo mismo debe hacer un cuentapropista. Debe reconocer que es lo que sabe hacer y luego ver y analizar todas las maneras en las que puede “re-empacarlo” y “revenderlo” y de esta manera podrá aumentar los canales de ingresos que tiene su negocio. Esto le ayudará a aumentar sus ventar globales y a lograr estabilidad en su negocio.

¿CÓMO “ACRYLIC BLISS” PUEDE DIVERSIFICAR SU NEGOCIO?

Primero comencemos reconociendo que la mayor destreza de “Acrylic Bliss” es su pasión, su arte y su experiencia haciendo uñas acrílicas. También hay que considerar que, como un salón ya establecido, tiene una lista de suplidores y contactos con quienes se puede comunicar para ideas de nuevos proyectos. Con todo esto en mente, así yo diversificaría “Acrylic Bliss”.

CANALES DE INGRESOS:

1. Servicios Generales: El primer paso es entender cuáles son los servicios que ofrecen ellos, cuales ofrecen la competencia y cuáles son los servicios que los clientes realmente piden. “Acrylic Bliss” debe intentar ofrecer todos los servicios que los clientes pidan con frecuencia ya que sabe que hay una demanda por ellos y puede generar nuevas ventas si los ofrecen.

2. Marcas Privadas: Si “Acrylic Bliss” logra tener su propia marca privada o una línea exclusiva de esmaltes o productos relacionados, puede agregar una nueva línea de ingresos a su negocio, con ventas al detal a sus clientes actúales o con ventas al por mayor, como distribuidor oficial de estos productos.

3. Servicios Educativos: El conocimiento y la experiencia de “Acrylic Bliss” tiene un valor incalculable, y por tal razón este conocimiento también se puede vender. “Acrylic Bliss” puede desarrollar y ofrecer talleres para cada uno de los servicios que ofrece actualmente y generar nuevos ingresos por un canal educativo. Lo mejor de todo, es que puede aprovechar estos talleres, para convertirse en el distribuidor exclusivo de todos sus estudiantes de los talleres y así aumentar sus ventas al por mayor. Al generar este canal, tendrá doble provecho.

PARTE 20

BONO: AGENCIA DE MARKETING

Ya que hasta este punto del libro ha aprendido todo lo que hace una agencia de marketing digital para negocios como el suyo, me pareció una buena idea explicarle en detalle cómo funcionan las agencias de marketing digital, por si en un futuro decide establecer una agencia de marketing digital para generar otro canal de ingresos que le pueda traer estabilidad a su vida.

¿QUÉ ES UNA AGENCIA DE MARKETING DIGITAL?

Una agencia de Marketing Digital es un negocio que se dedica a la promoción digital de empresas, marcas, productos, eventos, negocios y servicios. El objetivo principal de una buena agencia de marketing digital debe ser aumentar las ventas de todos sus clientes. Una agencia que logra consistentemente generar y/o aumentar las ventas de sus clientes siempre será apreciada, valorada y recomendada. Al sol de hoy, nunca he conocido a un cliente que le haya cancelado el servicio a su agencia porque le generaba demasiadas ventas.

Queda claro, que para tener una agencia de marketing digital primero debemos convertirnos en expertos de marketing digital. Hay que saber cómo hacer marketing digital que genere ventas, y hay que dominar las plataformas digitales que se utilizan para hacer este tipo de marketing. Por eso es por lo que además de este libro, ofreceremos nuestro propio curso online y consultoría individualizada en nuestra página web publicistadigital.com, para poder ayudarlos a dominar cada una de estas plataformas, ver paso a paso como desarrollamos nuestras campañas digitales, desde generar la idea, hasta la ejecución. Nuestra meta es ponerlos en el camino correcto para que se puedan convertir en expertos de marketing digital, tanto para crecer su negocio, como para establecer su propia agencia de marketing digital.

¿CÓMO TRABAJAN LAS AGENCIAS DE MARKETING?

Por lo general las agencias de marketing digital trabajan a base de horas laboradas y esto es lo que les facturan a sus clientes. Hoy en día muchas agencias de marketing digital crean "paquetes de servicio" que incluyen una cantidad de horas exactas y luego preparan un plan de trabajo mensual, ajustado a las necesidades de ese mes del cliente, y así dividen como se van a utilizar las horas de ese mes, con aprobación del cliente.

¿QUÉ SERVICIOS OFRECE UNA AGENCIA DE MARKETING?

Para entender los servicios que ofrece una agencia de marketing digital, primero debemos entender todos los departamentos que componen una agencia de marketing.

1. Departamento de Cuentas: Ellos son los que consiguen, mantienen y atienden a todos los clientes de la agencia. Un buen ejecutivo de cuentas además de ser muy organizado y diligente, debe ser un buen vendedor y saber cómo montar buenas propuestas y presentaciones. Él es el maestro de la orquestra que está pendiente a que todos los departamentos hagan lo que su cliente necesita, cuando lo necesita para llevar una ejecución harmoniosa mes a mes.

a. Ejemplos de Servicios Relacionados Facturables:

i. Desarrollo de campañas.

ii. Planificación de campañas.

iii. Coordinación de campañas (Interna).

iv. Ejecución de campañas.

v. Manejo de cuentas.

2. Departamento de Tráfico: Trafico es un departamento de enlace, hoy en día ya no se ve tanto este departamento en las agencias, ya que ha sido reemplazado por plataformas de organización y manejo de proyectos como trello.com o Asana.com, y el resto de sus responsabilidades se las han pasado a los ejecutivos de cuentas, en muchas ocasiones. Pero en su origen, el departamento de tráfico servía como enlace entre el departamento de cuentas, creativo y medios. Ellos manejaban todos los proyectos de la agencia, trafico recibía las ordenes de cuentas, las enviaba a creativo y luego se las pasaba a medios o directo a suplidores. El trabajo de tráfico es que las cosas se hagan y las cosas lleguen a donde tienen que llegar de la manera correcta, en el momento correcto. Trafico también se encargaba de cotizar con suplidores externos, como las imprentas.

a. Ejemplos de Servicios Relacionados Facturables:

i. Coordinación con suplidores (externa).

ii. Manejo + distribución de equipos, materiales e impresos.

3. Departamento Creativo: Creativo es el corazón de la agencia y el canal principal de ingresos. Es el departamento encargado de crear el contenido, los artes, los videos, los audios, los escritos y cualquier otro tipo de contenido que sea creado para difusión pública (anuncios).

a. Ejemplos de Servicios Relacionados Facturables:

i. Manejo de Redes Sociales.

ii. Diseño de Artes Generales.

iii. Diseño Web.

iv. Desarrollo de Apps.

v. Creación de Videos.

vi. Creación de Audios.

vii. Creación de Animaciones.

viii. Desarrollo de Ideas (Brainstorming).

4. Departamento de Medios: Originalmente el departamento de medios se encargaba de negociar pautas con los medios tradicionales y luego creaban extensas agendas de anuncios "flow charts" donde mostraban cada una de las pautas que un cliente iba a tener en cada medio, por día y hasta por hora. Era un trabajo realmente extenso y siempre con el objetivo de generar ingresos para la agencia y a la vez lograr el mejor retorno de inversión para el cliente. Hoy en día este departamento ha sido dividido entre tradicional y digital. En una agencia digital mayormente van a ver compradores de medios que son especialistas en medios digitales y plataformas como Facebook Business Manager y Google Ads. El trabajo de ellos es desarrollar estrategias para maximizar la efectividad de las campañas y dar el mejor uso posible al presupuesto de cada cliente. Los compradores de medios digitales son personas buenas con números y estadísticas, ellos entienden el uso de estas plataformas al máximo y siempre buscan maximizar los resultados monitoreando y optimizando sus campañas en el diario vivir. Además de esto, son los responsables de depurar la información de los resultados para presentárselas a los clientes.

a. Ejemplos de Servicios Relacionados Facturables:

i. Desarrollo de Campañas de Anuncios Digitales.

ii. Planificación de Campañas de Anuncios Digitales.

iii. Programación de Campañas de Anuncios Digitales.

iv. Monitoreo de Campañas de Anuncios Digitales.

v. Optimización de Campañas de Anuncios Digitales.

vi. Análisis de Campañas de Anuncios Digitales.

5. Departamento de Contabilidad: Este es el único departamento de la agencia que no genera ganancias directamente, pero es el más importante porque es el que se asegura de que la agencia cobre a tiempo.

a. Ejemplos de Servicios Relacionados NO Facturables:

i. Recargos por pagos tardíos.

ii. Manejo de "cash back" rewards.

iii. Cobro de comisiones a suplidores.

iv. Client set-up (contratos y documentación).

v. Manejo de Contabilidad General & Nómina.

¿CUÁNTO COBRO POR HORA?

La realidad es que puede facturar lo que guste por hora, pero siempre es bueno saber cuánto están cobrando sus competidores en cada nivel de la industria. Como guía general aquí les dejo los precios más comunes en Puerto Rico en USD:

1. **Freelance:** $25 a $50 por hora. 1 sola persona que trabaja desde su casa.

2. **Mini-Agencia:** $50 - $100 por hora. Grupo de 2 o 3 personas que trabajan desde sus casas o en un apartamento de bajo costo mensual.

3. **Agencia Pequeña:** $100 - $200 por hora. Grupo de 10 personas o menos que trabajan en una oficina o local comercial pequeño.

4. **Agencia Mediana:** $200 - $300 por hora. Grupo de 20 personas o menos que trabajan en una oficina o local comercial mediano.

5. **Agencia Grande:** $400+ por hora. Grupo de 50 personas o menos que trabajan en una oficina o local comercial amplio.

¿CUÁNTAS HORAS SE NECESITAN POR SERVICIO?

Esto es algo que le irán dando forma poco a poco dentro de su agencia de mercadeo digital en base al tiempo que le tome hacer cada tarea. Por ejemplo, crear un buen logo, requiere tiempo para generar ideas, montarlas, presentarlas, pulirlas y finalizarlas. Esto es un proceso que puede tomar desde 4 horas hasta 20 horas. Todo depende del cliente.

Pero por otro lado un post de redes sociales es algo que por lo general tomaba 1 hora entre el arte y el copy y ahora con ChatGPT se puede hacer en 30 minutos o menos.

No obstante, el valor de su trabajo se lo da usted y le puede asignar las horas que usted entienda que dicho proyecto merece y/o necesita. Pero siempre tenga en consideración con el presupuesto real de su cliente y las expectativas que tiene.

¿DE QUÉ OTRAS FORMAS LAS AGENCIAS GANAN DINERO?

Además de ganar dinero con sus planes de servicio, las agencias también ganan dinero de otras formas. Aquí le menciono las usuales, pero no se tienen que limitar a estas.

1. Reventa: La reventa de productos y servicios es gran parte de como las agencias generan ingresos adicionales. La agencia paga por un producto o servicio para el cliente y luego se lo revende al cliente a un mayor precio. Ejemplo: El cliente pide 2,000 tarjetas de presentación, la agencia las consigue a $50 y se las vende a su cliente a $60, con al menos un 20% de ganancia adicional ("markup").

2. Compra de Medios: La compra de medios es un tema sensible para muchos en la industria, ya que las agencias estaban acostumbradas a trabajar de una manera con los medios tradicionales y con la entrada del mundo digital se tuvieron que adaptar forzosamente.

Los medios tradicionales le dan un precio "neto" a las agencias, que luego ellas les revenden a sus clientes con un "markup" del 20%. En adición a esto, algunos medios tradicionales también les pagan a las agencias un 5% por "volumen"; que es una comisión por todo lo que la agencia compro a ese medio durante el año.

Pero en digital es diferente, ya que ninguna plataforma trabaja directa con las agencias y el "precio neto" no existe. Ellos le cobran el mismo precio a todo el mundo, así que para las agencias es algo complejo el cómo ganar dinero de las compras de medios digitales, ya que no lo pueden hacer como lo hacen en los medios tradicionales.

AQUÍ LE DEJO LAS PRÁCTICAS MÁS COMUNES QUE HE VISTO EN LA INDUSTRIA PARA GENERAR INGRESOS DE LA COMPRA DE MEDIOS DIGITALES:

a. 20% Media Budget Mark-Up: En esta le cobran un 20% adicional al cliente por lo que él quiera gastar en los anuncios digitales. Ejemplo: El cliente quiere invertir $1,000 en sus anuncios del mes, pues la agencia le envía una factura de $1,000 para el "Media Buy" con una partida adicional de "Media Buy Fee" de $200 para un total de $1,200.00 en esa factura.
b. 20% Media Budget Deduction: En esta la agencia le factura al cliente lo que él quiere gastar en sus anuncios del mes, pero le retienen un 20% como "costo" por manejar el presupuesto de los anuncios. Así que el cliente paga $1,000 pero la agencia invierte solo $800.00 en anuncios.

Lo más importante es saber explicarle al cliente ambas opciones y dejar que ellos escojan la que prefieran. Estos detalles también deben estar claros y detallados dentro del acuerdo o contrato de servicio entre la agencia y el cliente. Recuerde siempre facturar la compra de medios por adelantado y pagar los anuncios con una tarjeta que tenga "cash back", así tendrá ganancias adicionales por pagar con su tarjeta.

¿SE TRABAJA MES A MES O POR CONTRATO?

En un mundo ideal debes intentar conseguir contratos de 12 meses con cada cliente. Pero la realidad de la industria es que la mayoría de los clientes trabajan mes a mes inicialmente y luego de ver buenos resultados, comienzan a firmar contratos a tiempo prolongado.

Es una buena práctica ofrecer contratos de 1 a 3 meses inicialmente y al renovar el mismo aumentar el termino de tiempo. En muchas ocasiones se puede hacer algún tipo de descuento por firmar un contrato a mayor tiempo y hasta un descuento adicional al hacer un "prepago" del tiempo acordado.

Usted puede trabajar su agencia como usted quiera cuando usted quiera. No tiene que encerrarse a un solo modelo de cómo hacer sus negocios, puede variar los términos en base de las necesidades del mercado y lo que pueda favorecer a su agencia para conseguir más clientes.

¿COBRO POR ADELANTADO?

En un mundo ideal, sí. Pero en la realidad, a veces hay que conformarse con cobrar mitad al principio y mitad al final. En mi agencia lo que nunca fue negociable es que todo cliente debía pagar por adelantado el presupuesto de sus anuncios. Yo puedo perder mi tiempo con un cliente mala paga, pero nunca perderé mi dinero pagando anuncios y/o materiales para clientes que luego no se si me van a pagar bien o mal.

¿CÓMO CONSIGO CLIENTES?

He visto agencias que generan buenos leads por Facebook Ads y otras que los generan solamente por Google Ads. En lo personal, las mejores cuentas que llegaron a mis manos llegaron por mis campañas de Google Ads y porque tenía un buen SEO en mi página web que me ayudaba a salir entre los primeros 3 resultados orgánicos cuando buscabas “Digital Agency in Puerto Rico” y “Advertising Agency in Puerto Rico” en Google.

Pero al pasar de los años y conociendo todo lo que les compartí en este libro, creo que deben hacerlo todo. Todo lo que les recomiendo en este libro y definitivamente podrán aumentar sus probabilidades de éxito.

¿CUÁLES SON LOS ERRORES MÁS COMUNES?

En una agencia de marketing digital no hay errores comunes, sino que hay catástrofes inminentes. Por eso aquí les quiero dar una lista de principios fundamentales que deberían seguir para protegerse al máximo y prepararse para cuando una de estas catástrofes ocurra. Van a ocurrir, créanme. Lo importante es estar preparados.

1. Nunca pagues por impresos, o anuncios o servicios para clientes con tu dinero. Asegúrate de especificar en tu contrato que pagos a terceros deberán ser prepagados por los clientes. De esta forma no lastimas tus ahorros, financiando algo que no te producirá intereses. No arriesgues tu capital, es imposible saber cuándo te tocará un cliente mala paga.

2. Nunca imprimas o publiques nada sin aprobación escrita de tus clientes. Si hay errores en el material será culpa de ellos, no tuya. Asegúrate de tener una buena cláusula en tu contrato que te libere de errores en artes, una vez sean aprobados por el cliente.

3. Diversifica tus clientes y tus canales de ingresos. No lo apuestes todo a uno solo. Los clientes van y vienen. Si quieres estabilidad, debes tener diversos clientes y diversos flujos de ingresos.

4. Asegúrate de tener buenos ahorros. Tus ahorros te salvarán para poder cubrir tus gastos cuando los clientes se atrasen en sus pagos. Créeme, se atrasarán, es algo inevitable.

5. Asegúrate de poner una cláusula de términos de pago en tu contrato y que ponga penalidad a pagos tardíos y descuentos a pagos adelantados. A todo el mundo le gustan los descuentos, así que eso te ayudará a que paguen siempre al día.

6. Incentiva a tus clientes a pagar por depósito directo o de manera digital. Esto te ahorrará horas buscando cheques y visitando bancos.

7. Asegúrate de poner en tu contrato tus horas laborables y un costo adicional por pedidos fueras de horas laborables. Los clientes se van a sus casas a las 6pm, y muchas veces van a pretender que tú te vayas a la tuya a las 2am. No caigas en ese juego, asegúrate que tu contrato te proteja y que ellos sepan que ese tipo de pedido le costará dinero extra.

8. Nunca regales, siempre cobra, aunque sea dándole un buen descuento. Nunca regales tu trabajo porque le perderán el valor a tu esfuerzo y sacrificio.

9. Los fines de semana son tuyos y de tu familia. Asegúrate de trabajar todo por adelantado y tener tus cuentas siempre al día. Es importante para tu sanidad mental mantener tu fin de semana privado y sin trabajo. La mayoría de los clientes no trabajan en los fines de semana, así que tú tampoco.

10. Prepárate para todo tipo de error artes, por eso siempre recomiendo dejar un banco de artes / contenido preaprobado en una carpeta que todos puedan acceso. De esta manera si un cliente te pide que bajes un arte de emergencia, cualquiera puede bajarlo y subir uno nuevo preaprobado nueva mente.

Por último, nunca dejen que sus clientes los pisoteen y se pongan en una posición donde ustedes se vean obligados a hacer todo lo que le pidan sin cobrar nada adicional, no importa cuán importante sea el cliente para la economía de su agencia. La mayoría de las relaciones con clientes, son relaciones transaccionales en una sola dirección. Ellos solo se preocupan por ellos. Yo tuve que despedir clientes abusadores en varias ocasiones y al final, llegaron más y mejores clientes. No se doblen por nadie. Ellos trabajan y hacen lo que sea por sus sueños. Ustedes también deben trabajar, defender y hacer lo que sea por los suyos. Mucho éxito a todos.

PARTE 21

GLOSARIO

1. AGENCIA DE BRANDING: Una agencia de branding es una empresa especializada en la creación y gestión de la identidad de marca de una empresa. Ofrecen servicios que incluyen la creación de logos, diseño de marca, estrategias de comunicación y marketing, entre otros. Las agencias de branding trabajan en estrecha colaboración con sus clientes para desarrollar una imagen de marca coherente y efectiva.

2. AGENCIA DE PUBLICIDAD DIGITAL: Empresa especializada en ofrecer servicios de publicidad y marketing en el entorno digital, incluyendo la creación de campañas publicitarias en línea, gestión de redes sociales, diseño web, entre otros.

3. ANUNCIOS DE BÚSQUEDA (SEARCH ADS): Formato de anuncio en Google Ads que aparece en los resultados de búsqueda de Google cuando los usuarios realizan búsquedas relacionadas con un negocio o servicio específico. Estos anuncios se muestran en los primeros resultados y son efectivos para generar ventas.

4. AUDIENCIA: El grupo de personas a quienes se dirige un mensaje o contenido específico. Puede referirse a los seguidores, clientes potenciales o usuarios interesados en un negocio, marca o tema en particular.

5. BOOST: Término utilizado para referirse a un anuncio pago en una plataforma de redes sociales que amplifica la visibilidad y alcance de una publicación determinada.

6. CALL TO ACTION (CTA): Un call to action (llamado a la acción) es una instrucción o frase persuasiva que motiva a los visitantes de un sitio web a realizar una acción específica, como comprar un producto, suscribirse a una lista de correo, completar un formulario, etc. Los CTA son elementos clave para convertir visitantes en clientes o leads.

7. CHATGPT: Un modelo de comunicación basado en inteligencia artificial desarrollado por OpenAI que utiliza la tecnología del procesamiento del lenguaje natural para generar respuestas y contenido en función de las solicitudes y comandos proporcionados.

8. CLIENTES POTENCIALES: Individuos que tienen la posibilidad de convertirse en clientes al mostrar interés en los productos o servicios de un negocio.

9. CONTENIDO PAGO: Material publicitario por el cual se realiza un pago para promocionarlo en línea.

10. COPY: Término utilizado en marketing para referirse al contenido escrito utilizado en anuncios, publicaciones en redes sociales u otras formas de comunicación promocional.

11. CPC (COSTO POR CLIC): Modelo de subasta utilizado por Google Ads en el que los anunciantes pagan por cada clic que reciben en sus anuncios. El costo por clic puede variar según la competencia y la calidad del anuncio.

12. DIVERSIFICACIÓN: Estrategia empresarial que consiste en utilizar los conocimientos, habilidades o servicios existentes de un negocio para crear nuevos canales de ingresos. Se busca empaquetar y vender los productos o servicios de una forma diferente para generar mayores ventas y estabilidad en el negocio.

13. DOMAIN: También conocido como dominio, es la dirección única y exclusiva que identifica a un sitio web en Internet. Es el nombre que se utiliza para acceder a un sitio web, seguido de una extensión (.com, .org, .net, etc.). El dominio es importante para localizar la ubicación de la data de un sitio web en los servidores.

14. EMAIL MARKETING: Estrategia de marketing que consiste en el envío de correos electrónicos a una base de datos de clientes actuales o potenciales con el objetivo de promocionar productos, servicios, eventos u otras noticias relevantes para el negocio.

15. EMAIL PERSONALIZADO: Se refiere a la creación de una dirección de correo electrónico que utiliza el nombre de dominio de una empresa o marca en lugar de una dirección de correo electrónico genérica y gratuita, como gmail.com o yahoo.com. Un email personalizado ayuda a fortalecer la imagen corporativa y profesional de una empresa, transmitiendo confianza y seriedad a los clientes y socios comerciales.

16. FACEBOOK ADS: Plataforma de publicidad de Facebook que permite alcanzar a personas que no son seguidores de una página de negocio en Facebook y segmentar el público objetivo para promover anuncios de manera efectiva.

17. FREELANCER: Un freelancer, también conocido como trabajador independiente o autónomo, es una persona que trabaja de forma autónoma, ofreciendo sus servicios a diferentes clientes en proyectos específicos. Los freelancers suelen tener habilidades especializadas en un campo particular y ofrecen sus servicios de manera flexible y no vinculante.

18. GOOGLE ADS: Plataforma de publicidad en línea de Google, anteriormente conocida como Google AdWords, que permite a los anunciantes crear y mostrar anuncios en los resultados de búsqueda de Google y en otros sitios web asociados a través del programa de publicidad de Google.

19. GUERRILLA MARKETING: Estrategia de marketing que busca crear un impacto significativo en el mercado objetivo con un presupuesto mínimo, a través de ideas creativas e ingeniosas. Se busca generar un movimiento viral orgánico que se inicie en el mundo real y se extienda al mundo digital.

20. HERRAMIENTAS DE INTELIGENCIA ARTIFICIAL: Aplicaciones y programas basados en algoritmos y aprendizaje automático que imitan la capacidad humana de análisis y toma de decisiones, y que se utilizan para automatizar tareas y mejorar la eficiencia en diversos campos, como el marketing digital.

21. HOSTING: En el contexto de sitios web, se refiere al servicio que proporciona espacio de almacenamiento en servidores para alojar los archivos y datos de un sitio web. El hosting permite que un sitio web sea accesible y visible en Internet.

22. IMAGEN CORPORATIVA: La imagen corporativa se refiere a la representación visual y conceptual de una empresa o marca. Incluye elementos como el logo, los colores, las tipografías y otros elementos visuales que ayudan a comunicar la identidad y los valores de la empresa. La imagen corporativa se utiliza para crear una impresión coherente y reconocible de la marca en todas las comunicaciones y materiales de la empresa.

23. INFLUENCER MARKETING: Estrategia de marketing que consiste en colaborar con influencers, personas que cuentan con una audiencia considerable en redes sociales, para promocionar un producto, servicio o marca. Puede implicar una compensación económica, intercambio de productos o comisión por ventas generadas.

24. LEAD: Un lead se refiere a un prospecto o posible cliente que ha mostrado interés en los productos o servicios de una empresa. Es alguien que ha proporcionado información de contacto y ha expresado su disposición para ser contactado con fines comerciales.

25. LOCALIDAD ESTRATÉGICA: Estrategia publicitaria que se basa en hacer publicidad en el lugar indicado y en el momento oportuno, dirigida específicamente al mercado objetivo que se busca alcanzar.

26. LOGO: Un logo es un símbolo gráfico o una representación visual que identifica a una empresa, marca o producto. El logo es una parte importante de la identidad visual de una empresa y se utiliza para crear reconocimiento y transmitir los valores y la personalidad de la marca.

27. MEDIOS TRADICIONALES: Plataformas de publicidad convencionales como la televisión, la prensa, los "billboards" y la radio, que se basan en la exposición masiva de anuncios.

28. MERCADEO DIGITAL: Estrategias y técnicas de promoción y comercialización de productos y servicios utilizando medios digitales, como internet, redes sociales y dispositivos móviles.

29. MERCADO META: Grupo específico de clientes al que una empresa quiere dirigirse con su publicidad, comprendiendo que es el mercado donde sus productos o servicios pueden lograr mayores ventas.

30. MERCADO REAL: Segmento de mercado al que realmente se está atendiendo, compuesto por los clientes actuales del negocio.

31. MOTORES DE BÚSQUEDA: Sistemas en línea que indexan y organizan información en la web para que los usuarios puedan encontrar contenido relevante al realizar consultas de búsqueda. Ejemplos populares incluyen Google, Bing y Yahoo!.

32. OWNERSHIP: En referencia al dominio, se refiere a tener el control exclusivo y los derechos legales sobre el nombre de dominio de un sitio web. Ser el propietario del dominio garantiza el control y la protección del nombre de la empresa o negocio en línea.

33. PALABRAS CLAVE (KEYWORDS): Son las palabras o frases específicas que los usuarios ingresan en los motores de búsqueda cuando buscan información, productos o servicios en línea. Las palabras clave son importantes para el SEO, ya que ayudan a los motores de búsqueda a entender la relevancia de un sitio web y determinar si debe aparecer en los resultados de búsqueda para una consulta determinada.

34. PLAGIO: Se refiere al acto de utilizar el trabajo, ideas o contenido de otra persona sin darle el debido crédito o sin obtener permiso. El plagio es una violación de los derechos de autor y la ética académica y profesional.

35. POSICIONAMIENTO: El lugar que ocupa un negocio en los resultados de búsqueda de Google. Un mejor posicionamiento implica aparecer en los primeros resultados y aumentar la visibilidad ante los usuarios.

36. PPC (PAY PER CLICK): Modelo de pago utilizado en la publicidad en línea donde los anunciantes pagan solo cuando los usuarios hacen clic en sus anuncios.

37. PRESUPUESTO: Cantidad de dinero asignada para invertir en publicidad en Google Ads durante un período determinado.

38. REDES SOCIALES: Plataformas en línea que permiten a los usuarios interactuar y compartir contenido con otros usuarios. Algunos ejemplos comunes incluyen Facebook, Instagram, Twitter y LinkedIn.

39. REDISEÑAR: Modificar o ajustar la apariencia, estructura o estrategia de una marca o negocio para adaptarse a un mercado específico.

40. RELACIONES PÚBLICAS: Es una disciplina que se encarga de gestionar la comunicación y las relaciones entre una organización y sus diferentes públicos, con el objetivo de construir, mantener y fortalecer la reputación de la marca, así como establecer una relación positiva y duradera con sus stakeholders.

41. RESEÑAS: Opiniones o comentarios dejados por clientes sobre un negocio en Google My Business. Las reseñas pueden influir en la reputación y el posicionamiento del negocio.

42. SEGMENTACIÓN: Proceso de filtrar y dirigir los anuncios pagos hacia un público específico con características demográficas, intereses o comportamientos determinados. El objetivo es llegar al mercado objetivo y clientes potenciales adecuados, aumentando la probabilidad de generar ventas o contratación de servicios.

43. SEO (SEARCH ENGINE OPTIMIZATION): También conocido como optimización para motores de búsqueda, es el proceso de mejorar la visibilidad de un sitio web en los resultados de búsqueda orgánicos de los motores de búsqueda. Consiste en utilizar diversas estrategias y técnicas para aumentar el ranking de un sitio web en las páginas de resultados de búsqueda, lo que ayuda a atraer tráfico cualificado y aumentar la visibilidad de un negocio en línea.

44. SUBASTAS: Proceso en el que los anuncios compiten por aparecer en los resultados de búsqueda de Google. Los anunciantes establecen una puja máxima y Google selecciona los anuncios que se mostrarán en función de la calidad y relevancia, no solo del precio ofertado.

45. WEB DESIGNER: Un web designer (diseñador web) es un profesional especializado en el diseño y la creación de páginas web. Se encarga de la apariencia visual, la estructura y la funcionalidad de un sitio web, asegurándose de que cumpla con los objetivos y las necesidades del cliente.

46. WEBSITE BUILDER: Un website builder (constructor de sitios web) es una herramienta en línea que permite a los usuarios crear y personalizar fácilmente sitios web sin necesidad de conocimientos de programación o diseño. Estas plataformas proporcionan plantillas y herramientas intuitivas que facilitan la creación de páginas web sin requerir habilidades técnicas avanzadas.

Made in the USA
Middletown, DE
25 October 2024